Alexander Geh, Jahrgang 1961, studierte Germanistik, Sport sowie Film/Fernsehen. Er schrieb Artikel für Tagespresse und Fachzeitschriften, bevor er als Verlagsredakteur arbeitete. Jetzt lebt er als freier Autor und Lektor in Offenbach am Main. Seine freien Wochen verbringt er am liebsten im nördlichen Europa, es sei denn, seine Lebenspartnerin besteht darauf, einmal »nicht im warmen Pullover am Lagerfeuer sitzen zu müssen«. Da er seit jeher ein leidenschaftlicher Sportler ist, war es nur eine Frage der Zeit, bis die Fahrradreise durch Norwegen zustande kam.

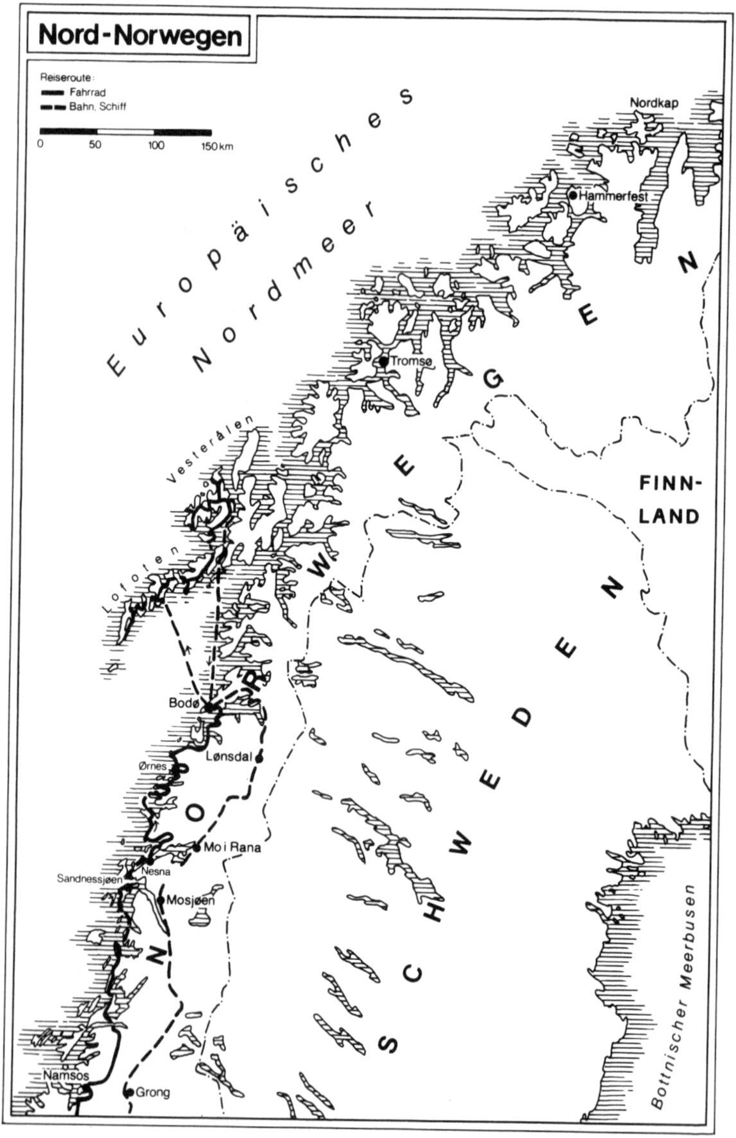
Nord-Norwegen
Reiseroute:
Fahrrad
Bahn, Schiff
0
50
100
150 km
Europäisches
Nordmeer
Nordkap
Hammerfest
Tromsø
Vesterålen
Lofoten
Bodø
Lønsdal
Ørnes
Mo i Rana
Nesna
Sandnessjøen
Mosjøen
Namsos
Grong
NORWEGEN
SCHWEDEN
FINNLAND
Bottnischer Meerbusen

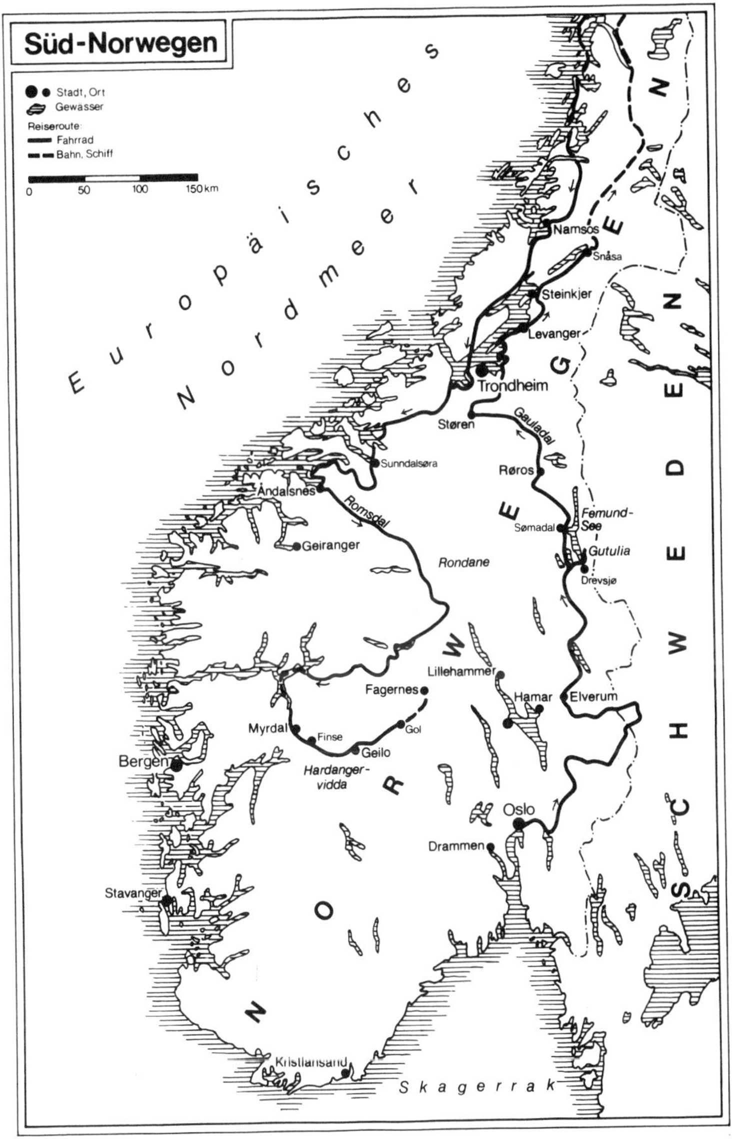
Süd-Norwegen
Stadt, Ort
Gewässer
Reiseroute:
Fahrrad
Bahn, Schiff
0
50
100
150 km
Europäisches Nordmeer
NORWEGEN
SCHWEDEN
Namsos
Snåsa
Steinkjer
Levanger
Trondheim
Støren
Gauladal
Sunndalsøra
Røros
Åndalsnes
Romsdal
Femund-See
Sømadal
Gutulia
Drevsjø
Geiranger
Rondane
Lillehammer
Hamar
Elverum
Fagernes
Myrdal
Finse
Gol
Geilo
Hardanger-vidda
Bergen
Oslo
Drammen
Stavanger
Kristiansand
Skagerrak

Alexander Geh

Fjorde, Gletscher, Wasserfälle

Eine Radwanderung durch Norwegen

SIERRA

Die Deutsche Bibliothek – CIP-Einheitsaufnahme
Ein Titeldatensatz für diese Publikation ist bei
Der Deutschen Bibliothek erhältlich.

REISEN · MENSCHEN · ABENTEUER

2001, 3. aktualisierte Auflage
SIERRA bei Frederking & Thaler Verlag, München
in der Verlagsgruppe Bertelsmann GmbH

Fotos: Alexander Geh
Karten: Isolde Notz-Köhler, München
Satz: Uhl + Massopust, Aalen
Reproduktion: fotolito Longo, Bozen
Umschlaggestaltung: Atelier Seidel, Altötting
Produktion: Sebastian Strohmaier, München
Druck und Bindung: Presse-Druck Augsburg
Papier: Das Papier wurde aus chlorfrei gebleichtem Zellstoff hergestellt
ISBN 3-89405-067-5

www.frederking-und-thaler.de

Inhalt

Für Petra

Fährfahrt nach Oslo

Die Bank, auf der ich es mir gemütlich gemacht habe, steht vor dem Fährterminal in Kiel. Drei Stunden sind es noch, bis das Schiff Richtung Oslo ausläuft. Die Frühlingssonne scheint, das bepackte Fahrrad steht reisefertig neben mir, und ich überlege, wie ich mir die Zeit vertreiben kann. In der Hosentasche klingeln ein paar Markstücke, die ich jetzt nicht mehr brauche. Also schlendere ich zum Telefonhäuschen, rufe Freunde und Bekannte an, sofern sie um diese Zeit zu erwischen sind. Auf diese Weise erfahre ich, daß eine ehemalige Arbeitskollegin dieselbe Fähre gebucht haben soll – eine Norwegerin! Ein Paukenschlag, mit dem die Reise beginnt! Denise Wergeland ist von knapp 4,2 Millionen Norwegerinnen und Norwegern die einzige, die ich persönlich kenne. Und ausgerechnet sie soll heute an Bord sein! Ich versuche, im Terminal ihre Kabinen-Nummer herauszubekommen. Hinter dem Tresen sitzt eine ältere Dame mit aristokratischem Aussehen, die mich streng mustert. Es gebe schon Passagierlisten, meint sie herablassend, aber Passagiere dürften sie nicht einsehen, egal warum. Abgeblitzt. Gegen Vorschriften helfen weder Argumente noch ein freundliches Gesicht.

Ich kehre zu meiner Bank zurück und versinke in Gedanken. Das ist nicht meine erste Reise in das nordische Land. Doch ich bin sicher, daß diesmal alles ganz anders werden wird: Ich habe kein Auto dabei, in das man sich bei Schlechtwetter retten kann, das einen so lange weiter kutschiert, bis eine geeignete Unterkunft für die Nacht gefunden ist. Durch die langsamere Fortbewegung auf dem Fahrrad werde ich der Natur ausgeliefert sein. Ich habe zwar ein paar Ziele ausgesucht, die ich gerne besuchen möchte, doch wie und wann ich sie erreiche, überlasse ich dem Verlauf der Reise. Der einzige Vorsatz lautet, von Terminen und Plänen frei zu bleiben. Deshalb habe ich auch darauf verzichtet, die Rückfahrt zu buchen. Ich erhoffe mir Stille und viel, viel Natur in einem weiten, dünn besiedelten Land.

Zwölf Uhr – Zeit, an Bord zu gehen. Der Schiffsoffizier an der Rampe betrachtet eingehend mein Billett, als wolle er sich verge-

An Bord der Fähre – Sonnenuntergang auf dem Kattegat

wissern, ob der Transport von Fahrrädern überhaupt vorgesehen ist. Nachdem ich das Gepäck in die Kabine geschafft habe, begebe ich mich zur Information. Zwei junge Norwegerinnen beantworten geduldig die Fragen der Fahrgäste. Ich wiederhole mein Sprüchlein und frage nach Denises Kabinen-Nummer. Wie selbstverständlich greift die Frau nach einem langen Computerausdruck und nennt mir die Nummer. Hilfsbereitschaft anstatt preußischer Pedanterie – wenn das so bleibt, bin ich auf dem richtigen Weg. Obwohl versöhnlich gestimmt, lasse ich es mir nicht nehmen, einen lautlosen Fluch an Madame Hochwohlgeboren Richtung Terminal zu senden.

»Nei – Nein!« Mehr bringt die völlig überraschte Denise nicht heraus, als ich plötzlich im Türrahmen stehe. Aber dann beginnt ein Trommelfeuer von Fragen. Die Karten, die ich an Bord studieren wollte, werden noch eine Weile warten müssen. Wir haben uns eine Menge zu berichten, und nachmittags machen wir es uns in den Liegestühlen an Deck bequem. Die Sonne brennt auf den Großen

Denise

Belt, und ich fühle mich eigentlich mehr als Kreuzfahrer denn als Abenteurer.

Die Fähre ist nur mäßig ausgelastet. Gedränge herrscht nur in dem kleinen Laden, wo Alkoholika, Zigaretten, Parfüm und Süßigkeiten zollfrei zu erstehen sind – und vor den diversen Spielautomaten. Doch es sind verblüffenderweise nicht nur Jugendliche, die mit Spannung das ulkige Tuten, Piepen und Klimpern der Geldstücke verfolgen. Nein, das Gros der Spielsüchtigen stellen norwegische Senioren, und sie beweisen einen langen Atem.

Abends beobachten Denise und ich den Sonnenuntergang an Deck. Es weht ein frischer, böiger Wind, so daß wir das Schauspiel mit nur wenigen Unentwegten teilen. Wir wärmen uns ein wenig auf, indem wir den Rotwein trinken, den ich für diesen Abend reserviert habe.

Nachdem uns der hartnäckige Wind doch vertrieben hat, ziehen wir uns in einen Salon zurück. Dort beginnt gerade eine Vorstellung mit Chansons und Varietézauber. Denise, die häufiger zwischen Deutschland und Norwegen pendelt, erzählt, daß die Fährroute Kiel–Oslo lange Zeit als ausgesprochen steif verschrien war. Mit solchen Angeboten bemüht man sich um ein lockeres Image.

Das lockere Programm scheint nicht allen Anwesenden zu behagen. Nach kurzer Zeit verlassen vier junge Leute den Salon. Ihre wetterfeste Kleidung läßt auf andere Interessen schließen. Kein Zielpublikum für »Chanson d'amour« und Cocktails. Die meisten Norweger hingegen klatschen den Protagonisten begeistert Applaus. Ich spreche Denise darauf an, frage sie auch nach dem Treiben vor den Spielautomaten. »Du kommst nach Norwegen, weil du Ruhe suchst und die Natur erleben willst«, erklärt sie. »Für dich und die meisten Touristen sind die Fähren Transportmittel, die sie so schnell wie möglich verlassen wollen. Die Norweger dagegen haben zu Hause Ruhe genug, sie wollen etwas erleben. Für sie ist die Überfahrt auf der Fähre Amüsement.«

Ich verstehe. Aber meine Gedanken schweifen immer mehr aus der Gegenwart in die Zukunft und kreisen zunehmend um den morgigen Tag. Ich fürchte, ich bin kein guter Gesprächspartner an diesem Abend. Als wir uns eine Stunde vor Mitternacht voneinander verabschieden und ich zu meiner Kabine laufe, ist das Jauchzen vor den einarmigen Banditen noch in vollem Gange.

Morgens um sieben treffen wir uns an Deck. Die Fähre befindet sich bereits im Oslofjord, durch den sie sich nordwärts auf die Landeshauptstadt zubewegt. Der Fjord ist mit annähernd 100 Kilometer Länge das ideale Einfallstor für Touristen, können sie doch in aller Ruhe die ersten Eindrücke sammeln, ohne auf ungewohnte Verkehrsschilder achten zu müssen.

Gerundete, leicht bewaldete Felsrücken begrenzen den breiten Fjord. Je näher wir Oslo kommen, desto mehr nimmt die Besiedlung zu. Die Häuser ballen sich entweder am Ufer zusammen oder ziehen sich zwischen den Baumgürteln die Hänge hinauf. Am Ostufer lugen die ersten Sonnenstrahlen über die Felskante.

Auf dem Fjord schippern kleine Boote, in denen Angler sitzen oder die die Fähre ein Stück begleiten. Das Wasser ist dunkelblau und blank. Die Wellen, die unser Schiff schlägt, können der Ruhe und dem Frieden, der über allem liegt, nichts anhaben. Stumm genießen wir die Szenerie.

Das Schiff nähert sich dem Kai. Die Großstadt verschlingt den Uferstreifen, schiebt sich direkt an das Wasser heran. Meine Anspannung nimmt zu. Die Annäherung an das Land ist vorbei. Jetzt beginnt die unmittelbare Begegnung.

Denise und ich tauschen Gepäck aus: Sie nimmt zwei leere Trinkflaschen von mir, ich eine Flasche Aquavit und eine mit Likör von ihr, die erlaubte Höchstmenge. Der Aquavit kostet auf der Fähre umgerechnet 40 DM, die Hälfte des Preises, den die Norweger in ihren staatlichen Alkoholläden dafür hinlegen müssen. Der kurzfristige Tausch ermöglicht es Denise, ihr Kontingent zu verdoppeln, ohne vom gestrengen Zoll erwischt zu werden.

Eine Paßkontrolle gibt es nicht, und der Zollbeamte nimmt keine Notiz von mir. Kein offizielles Empfangskomitee ist zur Begrüßung erschienen. Dafür erwarten mich Denise und ihr Vater hinter der Zollstation. Unauffällig verschwindet die hochprozentige Fracht im Kofferraum. Papi Wergeland zeigt sich von dem geheimen Kurierdienst dermaßen angetan, daß er mir sofort anbietet, mich aus der Stadt zu fahren: »Die Innenstadt besteht aus einem Gewirr von Autobahnen und Einbahnstraßen. Du brauchst einen halben Tag, bis du da raus bist. Wir legen das Rad in den Kofferraum, kein Problem.«

Spontan nehme ich das Angebot an. Ich hatte ohnehin keine Lust, die Großstadt zu besichtigen.

Wir sind sicher mehr als 20 Kilometer unterwegs, bis der aufdringliche Verkehr nachläßt. Papi Wergeland erkundigt sich nach meinen Reiseplänen. Ich spreche zwar ein bißchen norwegisch, beherrsche zumindest die Grundzüge der Alltagskommunikation, doch meine Antworten hören sich ziemlich fahrig an. Ich kann mich beim besten Willen nicht auf die Fragen konzentrieren und bin furchtbar zapplig, weil die eigentliche Reise per Rad bald losgeht.

Der Abschied fällt nicht so aus, wie es Vater und Tochter verdienen. Fast abwesend nehme ich Glückwünsche und Umarmung entgegen, und erst mit Verspätung registriere ich das Hupen meines freundlichen Chauffeurs. Zerstreut winke ich zurück. Verzeiht mir, ich bin so aufgeregt.

Jetzt ist es endlich soweit. Beinahe feierlich vollziehe ich die Prozedur des Gepäck-Anbringens. Die vier Packtaschen werden vorne wie hinten an die Gepäckträger gehängt und die beiden Packsäcke, in denen Schlafsack sowie Iso-Matte und Zelt stecken, aufgeschnallt. Den Abschluß bildet die Lenkertasche. Als ich endlich auf dem Sattel sitze, ist die Unruhe verflogen. Ich fühle mich frei.

Zum Femund-See

Der Femund ist Norwegens drittgrößter See. Er liegt 662 Meter hoch, eingebettet in eine fast ebene Landschaft mit sanften Erhebungen. Nur an wenigen Stellen liegen Dörfer am Uferstreifen. Deshalb gilt der Femund unter Wanderern als Eldorado, können sie doch tagelang in der weiten Umgebung umherstreifen, ohne auf Straßen oder Siedlungen zu treffen. Das Wandergebiet reicht über die schwedische Grenze hinaus, die keine 20 Kilometer entfernt im Osten verläuft.

Die Region um den Femund ist das erste Ziel meiner Reise, knapp 300 Kilometer Luftlinie nordöstlich von Oslo. Während der Sommermonate verkehrt ein historischer Dampfer, mit dem ich vom südlichen an das nördliche See-Ende übersetzen will, vorausgesetzt, die Saison ist schon angelaufen. Wenn nicht, möchte ich das Wanderwegenetz im Osten erkunden. Vielleicht finde ich ja einen flachen Weg, der für mein Tourenrad geeignet ist. Die Karte verspricht immerhin, daß dort keine nennenswerten Höhenunterschiede zu erwarten sind.

Noch aber ist es nicht soweit. Momentan befinde ich mich ungefähr 20 Kilometer südlich des Sees. Ich habe gerade eine Pause eingelegt, um mich voll und ganz dem Blick nach Westen zu widmen. Vor mir erstreckt sich ein weiter Sumpf, dahinter recken sich drei schneebedeckte Gipfel in die Höhe, das Fjell Rendalssølen. (»Fjell« heißt auf deutsch Gebirge.)

Es ist der sechste Tag der Reise, und zum ersten Mal empfinde ich das Gefühl von grenzenloser Stille und erhabener, ungebändigter Natur. Der Anblick von Rendalssølen nimmt mich gefangen.

Schotterweg in Ostnorwegen

Die ersten Tage waren ein unerwartet harmloses, langweiliges Einrollen gewesen. Ich war kreuz und quer durch Ostnorwegen geradelt, hatte auch einen Abstecher nach Schweden gemacht, aber eine überwältigende Begegnung mit unberührter Natur war ausgeblieben. Ostnorwegen in den ersten Maitagen – das sind zwar

Wälder, Flüsse und Seen, aber auch weite Ackerflächen. Das matte Braun und Grün der Landschaft erinnerte noch an den Winter, der hier eher öde Gleichförmigkeit verbreitet. Vor den Bauernhöfen lagerten säckeweise Düngemittel und andere Substanzen. Die Besiedlung war dichter als erwartet. Obwohl ich immer wieder verschwiegene Fleckchen an Seeufern entdeckte, fand ich keine Muße zum Genießen freier, weiter Landschaft. Ich wollte immer dringender weg von diesem Gemisch aus Zivilisation und nur geduldeter Natur, sehnte mich nach einem Ort, wo sich der Mensch der Natur unterordnen muß und ihr keine beaufsichtigten Zonen überläßt.

Natürlich war ich nicht so naiv, mich darüber zu beklagen, daß die Menschen hier Landwirtschaft betrieben und Holz schlugen. Aber das war es nicht, was ich suchte. Diese Fahrt durch Ostnorwegen langweilte mich fast.

Immerhin, die Einheimischen zeigten sich ausgesprochen freundlich, fragten ständig nach dem Woher und Wohin. Schon am zweiten Tag verzichtete ich darauf, das Stahlseilschloß anzulegen, wenn ich das Rad zurückließ, um einzukaufen oder nach dem Weg zu fragen. Nur den ersten Schritt zum Plausch, den überließen sie meistens mir.

Das kurioseste Erlebnis ereignete sich am zweiten Tag, als ich einkaufen wollte und die Geschäfte geschlossen waren. Den Feiertag Christi Himmelfahrt hatte ich vergessen, an und für sich ein gutes Zeichen. Wozu im Kalender blättern, wo es mir doch darauf ankam, die Zivilisation möglichst zu vergessen?

Wenn der fünftägige Auftakt dieser Fahrt für das Gemüt auch ein wenig enttäuschend und fad geriet – der Körper war gleich voll beansprucht worden. So hügelig hatte ich mir Ostnorwegen auf dem Fahrradsattel nicht vorgestellt. Die schmalen, unbefestigten Nebenstraßen, auf die ich häufig auswich, nahmen wenig Rücksicht auf den Wunsch, sich möglichst geruhsam einzuradeln. Daß es trotzdem gut mit der Gewöhnung klappte, war auch ein Verdienst der Sonne, die mich von Anfang an verwöhnte. Ein einziger halber Regentag hatte die Herrschaft der guten Laune unterbrochen.

Sumpf, Wolken und die Gipfel von Rendalssølen

Nun stehe ich also mit meinem Sonnenbrand an der Straße 217, blicke auf die Gipfel von Rendalssølen und atme vor Freude tief durch. Hoffentlich stellt sich dieses lustvolle Gefühl auch am Femund-See wieder ein!

Ab der Kreuzung Isterfossen wendet sich die Straße auf den Femund zu. Direkt hinter der Kurve überquert eine Herde Rentiere die Fahrbahn. Noch bevor ich mein Glück fassen kann, verschwinden die Tiere blitzschnell im lichten Wald, und die außergewöhnliche Begegnung ist vorbei. Trotzdem versuche ich hartnäckig, zwischen den Bäumen noch eine Bewegung auszumachen, und lande dabei fast im Straßengraben. Doch die Rentiere lassen sich nicht mehr sehen. Dennoch: Es scheint der Tag der Fauna zu sein. Heute morgen waren zwei Kreuzottern vor mir über den Fahrweg gekrochen und hatten mich warnend angezischt.

An der Südspitze des Femund-Sees treiben Eisschollen gegen einen schmalen Sandstrand. Welch ein Kontrast! Die Ufer säumen

Nadelwälder, während die Berge nur spärlich bewachsen sind. Das 60 Kilometer entfernte Nordende des Sees ist nicht zu sehen, der Femund reicht bis an den Horizont.

Am Südufer verteilen sich gleich drei Ferienzentren, brav hintereinander aufgereiht. Aber es gibt kein buntes Treiben, keine Badehosen, kein Kindergeschrei – im Gegenteil: Zwei der Anwesen sind geschlossen, und vor dem dritten parkt nur ein verlorenes Auto. Die Ruhe vor dem Sturm kommt mir gelegen. Sollte der »Femund Park« offen sein, werde ich hier übernachten.

Bisher habe ich sowohl wild als auch auf Campingplätzen gezeltet. Natürlich locken die abgelegenen Plätze, auf denen man ganz für sich allein ist. Aber es gibt auch Argumente, die für den Campingplatz sprechen. Ich habe die Erfahrung gemacht, daß das Personal in der Regel wertvolle Tips zur Hand hat, die die Weiterreise bereichern können: einen unbefahrenen Seitenweg, ein stilles Plätzchen am Seeufer. Außerdem kennt man in Norwegen dieses unselige Parzellen-System nicht, so daß sich der Gast seinen Zeltplatz selbst aussuchen kann: zwischen Bäumen, auf der Wiese oder direkt am Seeufer. Fast alle Campingplätze, die ich bisher gesehen habe, liegen am Wasser.

Ich bin heute der einzige Gast im »Femund Park«. Die Frau am Empfang hat genügend Zeit, meinen Wissensdurst zu stillen. Gleich bei der ersten Frage zieht sie überrascht die Augenbrauen hoch: »Nein, das Boot fährt erst Ende Juni. Du bist viel zu früh.« (Das »du« ist in Norwegen auch unter Erwachsenen üblich und wird laut Denise nur von stockkonservativen Gemütern ignoriert.)

Leider ist das nicht die einzige schlechte Nachricht: »Die Wanderwege kann ich um diese Zeit nicht empfehlen, schon gar nicht zum Fahrradfahren. In den letzten Wochen ist der Schnee getaut. Die Wege sind voller Pfützen und Matsch. Die Wandersaison beginnt ebenfalls erst Ende Juni. Wenn ich dir aber einen Rat geben darf«, lächelt sie mich an, »komm im September wieder, wenn der Herbst beginnt. Die Bäume sind dann rot und gelb gefärbt, das ist etwas ganz Spezielles.« Aber vier Monate Wartezeit bis September sind ein bißchen zu lang. Diese Tour muß ich auf ein späteres Jahr verschieben.

»Kennst du vielleicht ein Gebiet, wo ich wenigstens eine kleine Rundwanderung machen kann?« quengele ich.

Sie überlegt. »Nein, die Wanderwege liegen sehr weit auseinander. Aber mir fällt etwas anderes ein. Auf der östlichen Seite liegt ein kleiner Nationalpark, Gutulia. In dem Park gibt es eine Alm. Der Pfad dorthin ist nicht lang, man läuft vielleicht eine halbe Stunde. Du kannst dort auch übernachten. Den Schlüssel hat die Forstbehörde in Drevsjø. Das liegt fünf Kilometer östlich von hier.«

Meine Gastgeberin überreicht mir eine Broschüre, in der die Region vorgestellt wird. »Da findest du auch etwas über Gutulia«, sagt sie.

Zum Abschied hat sie einen weiteren Tip für mich parat. »Du fährst Richtung Norden? In vier Tagen ist der 17. Mai, unser Nationalfeiertag. Vielleicht kannst du es einrichten, an diesem Tag in Røros zu sein. Da gibt es ein großes Fest.«

Überschwenglich bedanke ich mich für die freundliche Beratung. Im Touristenbüro könnte sie nicht perfekter sein.

Abends laufe ich noch einmal über das Gelände. Ein kühler Wind beschleunigt meinen Schritt, und erste dunkle Wolken lassen sich blicken. Geht es mit dem guten Wetter zu Ende?

Der »Femund Park« ist eine luxuriöse Anlage, in der Camper wahrscheinlich die Ausnahme bilden. Rundherum stehen diverse Holzhütten, wie ich sie auch auf den anderen Campingplätzen gesichtet habe. Die Hütten sind für diejenigen gedacht, die bei schlechtem Wetter eine feste Unterkunft vorziehen. Doch im Gegensatz zu den anderen Hütten, die mir bisher begegnet sind, sind diese hier mit allem erdenklichen Komfort ausgestattet, von einer kompletten Kücheneinrichtung über ein eigenes Bad bis zum gemütlichen Wohnzimmer. Die Tür zum Sanitärgebäude ist nur per Nummerncode zu öffnen. Es gibt einen Aufenthaltsraum mit Fernseher, ein Restaurant und jede Menge kurzweilige Angebote. Ich spüre, daß ich keinen Tag zu früh hierher geraten bin. In der Hochsaison dürfte es sehr laut und voll werden im »Femund Park«.

Als ich bereits im Schlafsack liege, blättere ich in der Broschüre. Gutulia steht unter Naturschutz, weil es dort viele alte und seltene Bäume gibt. Früher lebten sogar Bären in dem Gebiet, heute sollen sich noch ab und zu Wölfe dorthin verirren. Zufrieden lege ich das Heft beiseite und träume vom Leben als einsamer Almwächter.

Wie in den Nächten zuvor wird es draußen nicht richtig dunkel. Obwohl der Polarkreis weit entfernt ist und die Sonne sich noch für mehrere Stunden verabschiedet, kündigt sich die helle Jahreszeit unwiderruflich an.

Der einsame Almwächter

In der Forstverwaltung in Drevsjø werde ich an einen Mann verwiesen, der sich mein Anliegen anhört, ohne eine Miene zu verziehen, dann aber in ausgezeichnetem Deutsch erklärt: »Die Hütten auf der Alm sind abgeschlossen; sie sind historisch eingerichtet und werden im Sommer als Museum genutzt. Deshalb können wir für sie keine Schlüssel herausgeben.«

Mein Gesicht verzieht sich schon in herber Enttäuschung, als der Mann fortfährt: »Ganz oben auf der Alm steht aber eine Schutzhütte, die für Wanderer gedacht ist. Die ist immer offen, und da kannst du eine Nacht bleiben. In der Hütte gibt es Bett, Tisch, Ofen und Holz. Im Holzschuppen findest du eine Axt zum Holzschlagen.«

Erleichtert atme ich auf. Der Almausflug scheint gerettet. Und gleich werde ich unverschämt: »Kann ich auch zwei Nächte auf Gutulia bleiben?«

»Die Schutzhütte ist nur für eine Übernachtung vorgesehen«, entgegnet mein Gegenüber bestimmt, fügt dann allerdings hinzu: »Wenn du am nächsten Tag eine Wanderung machst und erst am Abend zurückkommst, kannst du maximal noch eine Nacht bleiben. Sollte aber ein anderer Wanderer eintreffen«, jetzt wird er wieder förmlich, »hat der das Vorrecht zu bleiben. Die Hütte ist nicht dazu gedacht, daß sie jemand allein für sich okkupiert.«

Schließlich hat er noch ein Fragezeichen parat: »Es könnte sein, daß der Weg von der Straße hinunter zum See noch nicht frei ist. Als wir das letzte Mal vorbeifuhren, war alles mit Schneematsch bedeckt. Du kannst es aber in jedem Fall versuchen.«

Ich bedanke mich überschwenglich, überzeugt, meine kleine Extratour in die Tat umsetzen zu können. In Gedanken male ich mir schon mein Leben als einsamer Alm-Öhi aus, bleibe jedoch mit meiner Begeisterung allein. Denn als ich das Büro verlasse, ist mein Gesprächspartner schon wieder in seine Arbeit vertieft.

Etwa 30 Fahrtkilometer liegt Gutulia von Drevsjø entfernt. Wegen der verhältnismäßig kurzen Entfernung entschließe ich mich, opulent einzukaufen und den Abend auf der Alm mit einem entsprechenden Mahl zu feiern. Der Gemischtwarenladen in Drevsjø vereinigt ein überraschendes Sammelsurium unter seinem Dach: Neben den obligatorischen Lebensmitteln gibt es Kleidung, Bettwäsche, Küchengeräte, Werkzeug, Angelzubehör u. a. Das ist wirklich kein Tante-Emma-Laden, wie es die wenigen Häuser Drevsjøs hatten vermuten lassen, sondern ein Kaufhaus en miniature. Das unscheinbare Nest ist offenbar das Dienstleistungszentrum für ein großes Umland.

Die Rückfahrt zum Femund-See vertreibt vorerst alle Gedankenspielereien um Einsiedelei, Kaminfeuer und Festmahl. Der Wind bläst kräftig aus Nordwest, kommt mir schräg entgegen und macht jeden Pedaltritt zur Plage. Auch der dunkle Himmel verheißt wenig Gutes. Der kerzengerade Straßenverlauf, fast 5 km lang zwischen Drevsjø und Femund-See, zieht die Fahrt für das Empfinden zusätzlich in die Länge. Ich versuche, mir das Vorwärtskommen zu erleichtern, indem ich an die vor mir liegende kurze Tagesetappe denke. Daß der kalte, heftige Wind bloß die Ouvertüre darstellt, kann ich noch nicht ahnen.

Ein Hinweis markiert die Abzweigung: Elgå 37 km. Nach 100 Metern folgt ein zweites, verwittertes Schild mit kuriosem Text: »Wer etwas zu verzollen hat, reise nicht über diese Straße nach Schweden, sondern über Drevsjø nach Flötningen, weil nur dieser Grenzübergang über eine Zollstation verfügt.«

Im ersten Moment glaube ich an einen Schildbürgerstreich, gilt Zollbetrug in unseren deutschen Gefilden doch eher als Kavaliersdelikt und als willkommene Gelegenheit, im Freundes- und Bekanntenkreis ausführlich kundzutun, was man für ein toller Hecht ist. Gewiß, der Hinweis am Wegrand könnte eine reine Formalität sein. Doch eigene frühere Erfahrungen wie Erzählungen Dritter sprechen eher dafür, daß Ehrlichkeit in Skandinavien einen höheren Stellenwert als in Mitteleuropa besitzt – oder zumindest besaß, als dieses Schild aufgestellt wurde.

Das Wetter unterbricht die sentimentale Suche nach dem Guten im Menschen, die ich in Gedanken vornehme. Aus der erwarteten idyllischen Fahrt, die am Ostufer des Femund-Sees Richtung Norden führt, wird eine harte Prüfung: Der Wind haucht mir eisig ins Gesicht, und nur mühsam geht es voran. Auf der anderen Seite des Sees, im Südwesten, schimmern die schneebedeckten Gipfel von Rendalssølen im Sonnenlicht. Rundherum aber werden alle Hoffnungen auf eine Besserung von unfreundlichem, dunklem Graublau verschlungen. Unter anderen Bedingungen hätte ich mich dieser bewegten Kulisse stundenlang hingegeben. Aber das ungeschützte Ufer ist kein ausreichend angenehmer Ort für ein romantisches Picknick.

Ich ziehe die Karte zu Rate, um einen Tip zu finden, wo ich meinem beharrlichen Gegenspieler, dem Sturm, entfliehen kann. Meine Hoffnung konzentriert sich auf das Dorf Sorken, wo die Straße laut Karte nach Osten abknickt und sich vom See entfernt. Dort könnte ich mich im Windschatten der Bäume vorwärtsstehlen. Doch kaum liegen die ersten Meter nach dem ersehnten Rechtsknick hinter mir, folgt der zweite Akt der himmlischen Freuden: Ein feister Hagelschauer stürzt auf den bemitleidenswerten Radwanderer herab. Die Körner sind zum Glück nicht allzu groß, und da der Wind jetzt seitlich von hinten weht, fliegen die Eiskügelchen in weitem Bogen an mir vorbei. Dafür drückt mir der Wind die Kapuze ins Gesicht, so daß ich mich am Straßenrand orientieren muß. Die ersten Flüche entfahren meinem Mund und lassen den Ärger heraus – fordern aber den Wettergott erst recht zu neuen Taten heraus.

Vier Hagelschauer sind es, die die Fahrt nach Gutulia auf ihre Weise bereichern. Vom erhofften Windschatten bleibt nicht viel übrig, denn die Bäume, die die leicht ansteigende Straße säumen, stehen nicht eng genug. Beim letzten Schauer wirft mir der Wind schließlich die spitzen Hagelkörner ins Gesicht, so daß ich zwangsläufig eine Pause einlege. Der Sandkuchen, den ich in Drevsjø gekauft habe und der als Nachtisch gedacht war, muß bereits jetzt als Frustrationshemmer herhalten.

Endlich kommt die Abzweigung nach Gutulia in Sicht. Wider Erwarten ist die Fahrbahndecke aus Kiesel und Schotter nicht aufgeweicht, sondern hat die zurückliegende Schneeschmelze gut überstanden. Es geht sanft abwärts, und mit Rückenwind komme ich sehr rasant voran.

Der Fahrweg endet am See Gutulisjøen, 692 m hoch gelegen. Zwei Holzhütten, mehrere Boote und ein großer Parkplatz, der jetzt vollkommen verlassen daliegt, zeugen davon, daß hier an wärmeren Tagen einiges los ist. Den weiteren Weg markiert ein Wegweiser, an dem eine Tafel verkündet, daß bis zur Alm noch 45 Minuten gewandert werden müssen.

Bis jetzt habe ich im stillen darauf spekuliert, die Alm mit meinem geländegängigen Touren-Bike erreichen zu können. Doch diese Hoffnung muß ich nun begraben: Der Wanderweg scheint zwar relativ eben zu verlaufen, führt aber über Stock und Stein und ist mit all dem Gepäck keinesfalls per Rad zu meistern.

Da ich für einen Aufenthalt von ein oder zwei Nächten nicht die gesamte Ausrüstung benötige, kann ich einen Teil des Gepäcks mitsamt dem Rad am Parkplatz zurücklassen. Diese Lösung drängt sich geradezu auf, doch den Großstadtmenschen, der in seiner Lokalzeitung ständig von Diebstahl und anderen Delikten lesen muß, befallen Zweifel: »Kannst du die Sachen ohne weiteres hier abstellen? Wenn das Fahrrad bei deiner Rückkehr weg ist, ist die Tour gelaufen. Oder solltest du den Restposten lieber im Wald verstecken? Oder überhaupt zweimal laufen und vorsichtshalber alles mit zur Alm schleppen?«

Die beruhigende Stille, die mich umgibt, und meine bisherigen positiven Erfahrungen mit den Norwegern werben für ein bißchen mehr Vertrauen. Freilich kann man sich nie sicher sein. Aber wer sich um diese Jahreszeit hierher verirren sollte, kann eigentlich nichts Unerfreuliches im Schilde führen. Also entscheide ich mich für das Vertrauen. Ich entdecke einen offenen, meterhohen Holzverschlag, möglicherweise ein Notunterschlupf für Wandervolk oder ein Bootsschuppen. Hier wären die Sachen vor dem Wetter geschützt und lägen gleichzeitig nicht auf dem Präsentierteller.

Okay. Ich beginne damit, die Ausrüstung zu sortieren und alle weniger notwendigen Teile in zwei Packtaschen zu verstauen, die ich zusammen mit dem Rad in den Verschlag lege. In der durchsichtigen Kartentasche hinterlasse ich folgende Nachricht: »Kommer tilbake senest torsdag – Bin spätestens Donnerstag zurück.« Damit schließe ich mich dem Brauch skandinavischer Wanderer an, mit solchen Mitteilungen eventuelle Hilfsmaßnahmen zu erleichtern. Ein falscher Tritt und ein verstauchtes Fußgelenk, und ich bin auf die Hilfe Dritter angewiesen.

Fünf Gepäckteile bleiben übrig. Das Zelt will ich doch nicht zurücklassen, zumal ich darin übernachten kann, falls die Schutzhütte bereits belegt ist. Also hänge ich die zwei Packtaschen über die Schultern, die Lenkertasche vor die Brust und nehme die beiden Packsäcke in die Arme.

Vereinzelt begleiten kleinere Schneefelder den Wanderweg, der vom Schmelzwasser ziemlich aufgeweicht ist. An mehreren Stellen überbrücken Holzbohlen und nebeneinandergelegte Birkenstämme pfützendurchsetzte Passagen, andernorts müssen kleine Tümpel und Matsch umständlich umgangen werden. Diese Abschnitte erweisen sich als besonders tückisch, weil Beerensträucher und niedriges Gestrüpp hinterhältige Felsspalten überwuchern und ich mir jeden Schritt vorsichtig ertasten muß. Die voluminösen Packtaschen schränken die Sicht erheblich ein, so daß ich mir wie ein tapsiger Seilkünstler in den Lehrjahren vorkomme. Immerhin bleiben mir größere Höhenunterschiede erspart – der Weg folgt dem Seeufer mit gleichbleibendem Abstand. Doch schon nach kurzer Zeit beginnen Arme und Schultern wegen der ungünstig verteilten Last zu schmerzen. Ich erfinde ständig neue Tragevarianten, die aber nur vorübergehende Linderung verschaffen. Und genau rechtzeitig zu dieser neuen Ausdauer-Prüfung sendet der Himmel den nächsten Hagelschauer. Wie ich doch mit Aufmerksamkeiten verwöhnt werde! Zum fünften oder sechsten Mal stelle ich meine Last ab, um zu verschnaufen und über mich zu schimpfen, weil ich mich dauernd auf neue Spinnereien einlasse. Ich stelle mir einen Wald-

Die Alm im Gutulia-Nationalpark

schrat vor, der mich aus dem Dickicht beobachtet und vielsagend an seine Stirn tippt.

Die angekündigte Dreiviertelstunde ist längst verstrichen, als zwischen den Bäumen einige Hütten auftauchen, drüben, am gegenüberliegenden Ufer. Die Reststrecke umläuft das schmale südöstliche Ende des Gutuli-Sees, das wie beim Femund noch mit brüchigem Eis bedeckt ist. Auf diesem Teilstück tobt ein kräftiger, eiskalter Wind, der über Gutulisjøen hinweg Anlauf nimmt und die Einladung zur Rast, die von der Aussicht über den See ausgeht, höhnisch wieder durchstreicht.

Dafür stehe ich endlich vor der Alm. Wie befreit werfe ich den Ballast auf den Boden. Ein gutes Dutzend Holzhütten verteilt sich großzügig über einen Berghang. Die Schutzhütte soll sich ausgerechnet erst am oberen Ende der kleinen Siedlung befinden. In zwei Etappen schleppe ich das Gepäck hinauf und bin für einen Hinweg knapp zehn Minuten unterwegs. Arme und Beine sind mittlerweile schwer wie Blei.

Das Grasdach der Schutzhütte verspricht einen behaglichen Aufenthalt. Der Innenraum mag gut 20 qm groß sein. Gleich zur Linken befindet sich der Kamin, der auf einem erhöhten Steinplateau angelegt ist. Vor dem Kamin steht ein Ofen, gefertigt 1912 im Eisenwerk Drammen. An der Wand lehnen und hängen eine Auswahl Töpfe und Pfannen. Die rechte Seite des Raumes beherrschen ein Tisch, zwei wacklige Holzbänke und dahinter, in der Ecke, ein altes Bett mit zwei aufeinandergelegten, zerschlissenen Matratzen. Das Fenster gegenüber schmücken eine knorrige Wurzel und ein Wimpel mit der norwegischen Flagge, während zwei betagte Trokkengestecke die Fensterbank zur Rechten ausfüllen. Die unverkleidete Dachkonstruktion trägt ein langes Brett, auf dem Literatur von Donald Duck bis zum Naturlexikon und all die Hüttenbücher liegen, die sich im Lauf der Zeit angesammelt haben. Rechts neben dem Eingang erinnern Wassereimer, Putzlappen und andere Reinlichkeits-Utensilien an die Pflichten jedes Hüttenbewohners. An der Außentür wiederholt ein kleines Schild die wichtigsten Verhaltensregeln, die mir bereits der Forstbeamte in Drevsjø mit auf den Weg gegeben hat, auf norwegisch, englisch und deutsch.

Es ist gemütlich, aber mir ist etwas zwiespältig zumute, obwohl ich mir über dieses Gefühl noch keine Rechenschaft ablegen kann. Soeben angekommen, drängt es mich wieder ins Freie! Also schlendere ich mit dem leeren Eimer zum See hinunter, um Wasser zu holen. Der Himmel über Gutulisjøen präsentiert sich violett gefärbt. Am weit entfernten nordwestlichen Ende kleben dunkle Wolken, die die tiefstehende Sonne verdecken. Lange schaue ich auf das Wasser und genieße meine Rolle als einsamer Wanderer inmitten unberührter Natur, bis mich der kalte Wind vom Ufer vertreibt.

Zurück in der Hütte, entfache ich im Ofen ein Feuer und beginne mit der Zubereitung eines urnorwegischen Gerichts: Spaghetti mit Hackfleisch in Tomatensauce.

Am späten Abend blättere ich die Hüttenbücher durch: Selbst im Winter haben Wanderer den Weg nach Gutulia gefunden. In den Monaten Juli und August, wenn die Alm in Betrieb ist, scheint die Schutzhütte mehr als Raststätte zu fungieren, worauf die Menge der täglichen Eintragungen schließen läßt – bis zu 25! Die meisten

Abenddämmerung über Gutulisjøen

Besucher sind Norweger – für die Hochglanz-Prospekte der internationalen Tourismusindustrie scheint die abgelegene Alm nicht verführerisch genug, oder steht ihre »Entdeckung« noch bevor? Daß zwischen Parkplatz und Alm noch 45 Minuten Wanderweg zu absolvieren sind, dürfte jedenfalls kaum in die Zeitpläne hastender Buskarawanen passen. Glücklicherweise . . .

Die Übernachtung wirft ein ungeahntes Problem auf: Das Bett, das höchstens 1,80 Meter mißt, kommt für eine geruhsame Nacht nicht in Frage. Also plaziere ich eine Matratze auf dem Boden, lege Isomatte und Schlafsack darauf und versorge den Ofen ein letztes Mal mit Brennholz. Für den kommenden Tag wünsche ich mir einen Schneesturm.

Aus dem Schneesturm wird nichts. Regen, Hagel und Sonnenschein wechseln sich in bunter Reihenfolge ab. Genauso bunt, sprich ungeordnet, verteilen sich meine mitgebrachten Klamotten in der Hütte. So heimelig die feste Behausung auch sein mag – ich

Das Holz ist geschlagen – bei etwa 3° C bleibt der dekorative blanke Oberkörper auf den Foto-Termin beschränkt

werde nicht heimisch. Das Gefühl der Rastlosigkeit vom Vortag hält an und treibt mich wieder hinaus; immerhin beginne ich, den Grund für meine Unruhe zu begreifen. Ich habe noch zuviel Bewegungsdrang für dieses Einsiedlerleben.

Ich inspiziere die offenen Hütten dieser historischen Alm. Im Kuhstall hängen über den einzelnen Standplätzen Holztafeln, die mit den Namen der Tiere beschriftet sind: Bella, Ferdinand, Litago usw. Die Fenster der verschlossenen Hütten, die als Freilichtmuseum genutzt werden, zieren die allgegenwärtigen Trockengestecke; das Innere ist akkurat aufgeräumt und wirkt so, als würden die Bewohner in Kürze wieder eintreffen. Der Holzschuppen beherbergt einen gewaltigen Vorrat an massiven Stämmen. Aber ich finde Spaß an der ungewohnten Arbeit des Holzschlagens. Seltsam – jetzt habe ich, worauf ich mich im Femund-Park so gefreut hatte:

ein wenn auch befristetes Leben als einsamer Alm-Öhi – und bin doch unzufrieden. Ich kann mich nicht damit anfreunden, »seßhaft« zu werden, in vier Wänden zu leben, so urig sie auch sein mögen, und historische Almhütten zu inspizieren. Die engen vier Wände konfrontieren mich mit den konventionellen Lebensgewohnheiten, die ich doch gerade abzustreifen beginne.

Dieser Aufenthalt auf Gutulia ist sicher ein nettes Zwischenspiel, kommt aber im Rahmen dieser Reise offensichtlich zu früh. Ich sehne mich nach dem Fahrrad, dem Fahrtwind, diesem berauschenden Gefühl, wenn die Landschaft langsam und intensiv an mir vorübergleitet, und möchte jeden Augenblick bereit sein, ja, mich darauf freuen, etwas Neues und Unbekanntes aufzunehmen.

So verbringe ich die zweite Tageshälfte auf Wanderschaft. Der Ehrgeiz, querfeldein nach Schweden zu stiefeln, hält sich allerdings in Grenzen. Die ausgetrampelten Pfade rund um die Alm verlieren sich nach wenigen hundert Metern im niederen Gestrüpp oder in ausgedehnten Matschfeldern, so daß ich lieber dem Ufer von Gutulisjøen so weit wie möglich folge, ein ganzes Stück noch über den Parkplatz auf der anderen Seite hinaus. Weder Bären noch Wölfe begegnen mir, und auch die Untersuchung des so gerühmten alten und vielseitigen Baumbestands im Nationalpark übt wegen meiner bescheidenen botanischen Kenntnisse keinen Reiz auf mich aus. Ich würdige die Anwesenheit der Bäume und belasse es dabei, habe Spaß an der Bewegung und atme tief durch.

Noch abends packe ich meine Siebensachen, reinige die Hütte und fülle die Holzkiste mit frisch gehackten Scheiten. Nachts finde ich kaum Schlaf, wälze mich hin und her. Gegen 4 Uhr bereite ich dem lästigen Spiel ein Ende und stehe auf, schnüre meine Bündel und begebe mich auf den Rückmarsch.

Die Königsetappe

Über »Nacht« scheint es noch kälter geworden zu sein. Durch die Baumwipfel rieseln Schneeflocken herab. Der Boden ist über weite Strecken steinhart gefroren, was den Rückweg immerhin erleichtert, weil nur wenige Ausweichmanöver nötig sind. Die fünffache Tragelast hält mich warm, und das Wissen um die verhältnismäßig kurze Dauer des Fußmarschs beschleunigt den Schritt.

Ein frostiger Wind empfängt mich, als ich aus dem Schutz des lichten Waldes auf den offen daliegenden Parkplatz hinaustrete. Fahrrad und Gepäck liegen unangetastet in ihrem Holzverschlag. Fast schäme ich mich dafür, mir vor zwei Tagen Sorgen um mein wertvolles Eigentum gemacht zu haben.

Die Reise geht weiter – denkste. Gleich dreimal zwingt mich der eisige Nordwestwind auf den ersten Kilometern, die Packtaschen nach wärmenden Kleidungsstücken zu durchwühlen, um ständig neue Kombinationen auszuprobieren. Zuerst ist die Verpackung zu kühl, dann zu warm und schließlich zu feucht, weil die neu eingesetzte Regenhose den Schweiß nicht entweichen läßt. Den sogenannten atmungsaktiven Superfasern sind offensichtlich Grenzen gesetzt, die das Trommelfeuer der Werbung wohlbewußt vernachlässigt.

Nach einem Monolog über Marktmechanismen ist mir im Augenblick allerdings weniger zumute. Schonungslos deckt der bitterkalte Wind die Körperstellen auf, die meine Ausrüstung nur unzureichend vor solch niedrigen Temperaturen schützen kann. Selbst mit gleichzeitig übergezogenen Woll- und Motorradhandschuhen bleiben die Finger klamm. Mehr Sorgen bereiten mir aber die Füße, weil die ungefütterten Schuhe nur zwei Strumpfpaaren Platz lassen.

Ob der Eiswind nun seitlich von hinten weht, wie vor zwei Tagen auf der Straße an der Femund-Ostseite entlang, oder schräg auf mich zukommt, wie auf der sich anschließenden Strecke am Südufer – die vorgestrigen Windstöße entlarven sich als laue Ouvertüre im Vergleich zu dem, was heute über das Land hinwegfegt und die Temperatur in ein unerträgliches Minus drückt. Wie ein Hohn wirkt die Beobachtung, daß die Eisschollen vom Südufer des riesigen Sees verschwunden sind, also geschmolzen sein müssen.

Am schlimmsten wird es an der Kreuzung Isterfossen, wo ich diesmal den Weg gen Norden einschlage, also gegen den Wind. Gut 100 Kilometer sollen es noch bis Røros sein, wo ich den morgigen Nationalfeiertag erleben möchte. Die dreistellige Zahl wirkt in meinem Kopf wie ein Block, denn unter diesen Bedingungen kann ich mir nicht vorstellen, heute auch nur in die Nähe der alten Bergwerksstadt zu gelangen.

Was unternehmen? Bisher war eine Brotzeit – besser gesagt, eine Süßspeisen-Zeit – immer die bewährte Methode gewesen, mir über wetterbedingte Anstrengungen hinwegzuhelfen. Doch sobald ich jetzt vom Rad steige, kriecht die Kälte durch den ganzen Körper, so gut Kekse und Trockenobst auch schmecken. Ich versuche alles Erdenkliche, steige wieder aufs Rad, bewege während der Fahrt ständig Zehen und Finger, krame sogar ein paar Formeln Autogenes Training aus dem Gedächtnis, die ich mir im Wiegetritt einflüstere: »Der rechte Arm ist angenehm warm durchströmt.« Ob Einbildung oder tatsächliche Hilfe – in Armen und Händen kribbelt es! Doch die Füße werden von der dringenden Botschaft nicht erreicht. Ich erinnere mich daran, daß nur im Autogenen Training Geübte sich beeinflussen können, während ihr Körper in Bewegung ist.

Der Versuch, in einem zugigen WC-Häuschen vorübergehend Zuflucht zu finden, scheitert kläglich. Allein beim Rütteln des Windes an der dünnen Holzwand überläuft mich ein neuer Schauer.

Ich muß demnächst eine Entscheidung treffen. Denn wenn ich wie bisher weiterfahre, drohen mir zumindest die Zehen zu erfrieren. Im Norden verheißt eine dunkle Wolkenwand nichts Gutes. Und laut Karte würde ich etwa auf dieser Höhe bleiben, so daß ich mit Schnee und, unangenehmer noch, mit verschneiten oder vereisten Straßen rechnen muß. In Gedanken bereite ich mich widerwillig auf die Kapitulation vor.

Schilder kündigen die Ortschaft Sømådal an, wo angeblich Hütten vermietet werden. Entweder nehme ich mir eine solche feste

Unterkunft oder ich baue das Zelt auf, um im molligen Schlafsack das Ende dieser Eiszeit abzuwarten. Nach der einprägsamen Erfahrung mit Gutulia favorisiere ich die zweite Lösung.

Doch dann kommt alles ganz anders. Schräg über mir bricht plötzlich der Himmel auf. Die Sonne bahnt sich den Weg herab und hüllt mich in einen warmen, schützenden Kokon. Ich mache sofort halt, setze mich auf einen Baumstumpf, ziehe Schuhe und Strümpfe aus und beginne damit, die Füße zu massieren. Das Sonnenlicht durchflutet angenehm meinen Körper. Nur die Füße lassen sich nicht wesentlich davon beeindrucken. Sie sind wie mit Eis zugepackt, obwohl sie die Anstrengungen meiner Hände spüren. Verzweifelt schaue ich nach oben, wie lange der segensreiche Sonnenschein anhalten mag. Noch sieht es gut aus. Das Loch in der Wolkendecke hält allen Anfeindungen der Winde stand.

Eine neue Idee: Ich hopse, tanze auf den Zehenspitzen hin und her, auf und nieder, immer wieder. Mir ist egal, was die Insassen der wenigen vorbeifahrenden Autos denken, egal, wie lange es dauern mag. Ich werde hopsen, bis ich meine Fahrt ohne Eisbeine fortsetzen kann.

Eine gute halbe Stunde dauert es, Pausen inbegriffen, bis ich wieder Gefühl in den Füßen habe. Der kleine Erfolg ermutigt mich zu großen Taten. Trotzig nehme ich mir vor, heute doch so nahe wie möglich an Røros heranzufahren, wie ich es eigentlich geplant hatte.

Während ich die ersten Häuser des winzigen Dorfes Sømådal passiere, verspüre ich Heißhunger auf Obst. Der örtliche Lebensmittelladen ist verdunkelt – mitten am Donnerstagvormittag! Noch ein Feiertag, den ich nicht kenne? Die Tür ist offen. Unschlüssig stehe ich in dem finsteren Raum, als jemand das Licht einschaltet, ohne in den Verkaufsraum zu treten. So treffe ich in einsamer Stille meine Auswahl. Erst als ich in den Gang zur Kasse einbiege und mich dabei räuspere, läßt sich mein unsichtbarer Gastgeber blicken. Es ist ein mürrischer Mann um die Fünfzig, der mich nicht anschaut und den fälligen Betrag so undeutlich hinmurmelt, daß ich mich an den Leuchtziffern des Kassen-Displays orientieren muß. Mein Gegenüber benimmt sich derart abweisend, daß ich meinen ursprünglichen Plan fallenlasse, ihn nach dem Wetterbericht zu fragen.

Während ich draußen die soeben erstandenen Bananen in mich hineinstopfe, hält ein Auto vor dem Laden. Eine junge Frau steigt aus, mustert mich kurz und wirft mir lachend ein »as cold as ice« entgegen, während sie vielsagend zum Himmel deutet. Dann geht sie zielstrebig in den Laden. Aus Neugier postiere ich mich vor der Fensterscheibe, und – es ist kaum zu fassen – der Schweiger wechselt tatsächlich ein paar kurze Worte mit seiner Kundin!

Kurz hinter Sømådal heißt es, Abschied vom Femund-See zu nehmen. Schade, daß ich wegen der verschlammten Wege noch nicht durch die Nadelwälder am zerfurchten Ufer und die angrenzende Tundra streifen konnte. Diese dünn besiedelte Region rund um den Femund strahlt eine erhabene Stille aus, in die ich unbedingt zurückkommen möchte – das nächste Mal wohl als Wanderer zur Herbstzeit, wie empfohlen.

Nachdem sie einen Bogen nahe ans Seeufer beschrieben hat, knickt die Straße jetzt nordwestlich in ein breites Tal ab. Die Wälder werden immer lichter, die Schneefelder auf den runden Bergkuppen dichter, die Vegetation spärlicher. Hartnäckig behaupten sich ein paar Höfe und Felder im Tal. Können diese kargen Parzellen überhaupt Gewinn abwerfen? Erst jetzt, Mitte Mai, weicht hier der Winter, um spätestens im Oktober zurückzukehren.

Die Sonne hat sich inzwischen verabschiedet, aber es fällt auch kein Regen oder Schnee. Dafür muß ich jetzt frontal gegen den unermüdlichen Wind ankämpfen. Die Fahrt gestaltet sich quälend langsam. Schneller als 11 oder 12 Stundenkilometer geht es nicht vorwärts. Ich ersinne ständig neue Hilfen, die meinen Widerstand aufrechterhalten sollen, und zerteile die Fahrt in kleine, erträgliche Happen, indem ich mir Ziele am Straßenrand aussuche, die als nächstes zu erreichen sind, einen Baum zum Beispiel. Dann denke ich mir banale Verse aus, die ich im Takt der Pedaltritte aufsage, später Flüche. Es ist längst nicht mehr nur ein Kampf gegen den Wind, sondern auch gegen das, was so häufig als innerer Schweinehund umschrieben wird. Ich mag diesen Ausdruck aus dem Kasernenhof-Jargon nicht, doch er trifft den Punkt.

Durch das ständige Bewegen von Fingern und Zehen bleibe ich wenigstens vor neuen Erfrierungserscheinungen verschont. Vielleicht ist es jetzt, um die späte Mittagszeit, auch nicht mehr so kalt wie heute morgen. Dennoch überfällt mich die Kälte in jeder Pause. Ich esse und trinke zwangsläufig im Aufundabgehen und kann mich nur bedingt von den Strapazen erholen.

Stundenlang setzt sich die Fahrt auf diese Weise fort. Als ich in Narbuvollen eintreffe, 40 Kilometer hinter Sømådal und »nur« noch 40 Kilometer vor Røros, schmerzt eigentlich jeder Körperteil, den ich bewege. In einem Birkenwäldchen oberhalb der Siedlung hoffe ich auf einen geeigneten, abgeschirmten Lagerplatz, aber der Boden ist zu feucht und uneben. Nach diesem mißlungenen Versuch – mittlerweile der dritte – gebe ich es auf, hier im sumpfigen Hochland einen Zeltplatz zu finden.

Das Hotel in Narbuvollen: Durch das Panoramafenster im Restaurant glotzen mich die Teilnehmer einer lustigen Gesellschaft an. Die Heiterkeit, die jetzt bei ihnen ausbricht, dürfte dem Esel von Radfahrer gelten, der schwerfällig gegen den Wind anstrampelt, anstatt sich drinnen im warmen Salon zu amüsieren. Doch euch werde ich es zeigen.

Bis Os, dem nächsten größeren Ort, sind es noch ungefähr 22 Kilometer. Sofern ich meinen bisherigen Takt beibehalte, muß ich mindestens zwei Stunden veranschlagen.

Diese letzte Teiletappe nach Os wird zur Tortur. Der Kopf hat längst damit aufgehört, Begründungen oder Ablenkungen zu produzieren, um nicht doch aufzugeben. Irgend etwas tief in mir läßt mich alles erdulden, treibt mich wie mechanisch voran. Ich zähle die Markierungsschilder, die alle 500 Meter am Straßenrand aufgestellt sind. Die Abstände zwischen den einzelnen Schildern scheinen immer länger zu werden, und doch betragen sie gleichbleibend 500 Meter. Noch 28 Schilder bis Os, noch 24, waren es nicht eben schon 23? Plage, welche Plage, noch 18, durchhalten, noch 13, bald geschafft, noch 10 . . .

Die Landschaft wird grüner, und die Straße taucht in einen Nadelwald ein. Zum ersten Mal an diesem Tag kann ich die Räder rollen lassen, weil der Wald den allgegenwärtigen Wind zurückhält.

Hier bieten sich viele wunderbare wilde Zeltplätze an, doch ich habe mich bereits für den Campingplatz entschieden, auf den am Ortseingang hingewiesen wurde. Ich verspreche mir von einem Gespräch mit den Eigentümern Tips für den morgigen Nationalfeiertag, um alles so norwegisch wie möglich mitzubekommen. Allmählich kommt der Denkapparat wieder auf Touren.

Der Campingplatz! Die selbstauferlegte Qual hat ein Ende. Als ich nach 127 Kilometern vom Rad steige, komme ich mir wie jener gern zitierte Cowboy vor, der viel zu lange im Sattel saß. Durchflutet von Stolz, diese kräftezehrende Etappe hinter mich gebracht zu und alle Gedanken ans Aufgeben besiegt zu haben, koste ich jeden wackeligen Schritt aus, der mich dem Haus der Eigentümer näher bringt.

Der Mann, der mit seiner kleinen Tochter auf dem Arm die Treppen herabsteigt, scheint erfreulicherweise nicht mit dem Schweiger aus Sømådal verwandt zu sein. Im Gegenteil, ich erfahre eine solche Menge über den 17. Mai, daß ich es kaum aufnehmen kann. Während mein Gastgeber mit mir über den Campingplatz schlendert, um mir die Einrichtungen zu zeigen, hält er einen kurzen historischen Vortrag aus dem Stegreif: »Weißt du, was am 17. Mai gefeiert wird?«

Die Frage scheint mir rhetorischer Natur. Obwohl ich die Antwort weiß, halte ich es für höflich, ihn weiterreden zu lassen. »Am 17. Mai 1814 wurde in Eidsvoll, das liegt bei Oslo, die norwegische Verfassung verabschiedet. Damals waren gerade über 400 Jahre dänische Herrschaft zu Ende gegangen. Norwegen wurde zwar doch noch nicht unabhängig, weil es die Schweden als Siegprämie nach den Napoleonischen Kriegen bekamen. Aber von da an setzten wir alles ein, um aus dieser Union wieder rauszukommen. Schritt für Schritt haben wir uns die Unabhängigkeit erkämpft. Seit 1905 bestimmen die Norweger über sich selbst. Der 17. Mai ist ein Symbol für die Unabhängigkeit, und er wird seit 1814 jedes Jahr mit Umzügen gefeiert. Viele der Teilnehmer tragen dabei ihre alten Trachten.«

Ich frage ihn, wann der Umzug in Røros beginnt. »Um 12 Uhr, wie ich gehört habe. Aber du brauchst nicht nach Røros zu fahren.

Ab morgen früh sind hier in Os Musikkapellen unterwegs. Es gibt sogar ganz kleine Siedlungen, die ihren eigenen Umzug haben, oder die Dörfer in einem bestimmten Gebiet wechseln sich jedes Jahr ab.«

Ich bedanke mich für die Auskünfte, will mich aber jetzt noch nicht festlegen. Mein Gastgeber erkundigt sich nach meiner Reise, stellt die obligatorischen Fragen nach dem Woher und Wohin. Ich erzähle von meinem Marathonritt gegen den eisigen Wind. »Du bist sehr früh dran«, klärt er mich auf, »das Gebiet um Røros ist südlich des Polarkreises das kälteste in Norwegen. Im Winter messen wir hier manchmal – 35° C. Nur in Lappland wird es noch kälter. Die meisten ausländischen Touristen kriegen das gar nicht mit, weil sie zwischen Juni und September unterwegs sind. Dabei kannst du in dieser Gegend phantastisch langlaufen. An Ostern kommen so viele Norweger zum Skilaufen, daß ich meinen Campingplatz vorübergehend öffne. Ich habe warme, isolierte Hütten, die um diese Zeit nur über Voranmeldung gemietet werden können, so stark ist der Andrang.«

Auch heute ist ein Teil der Hütten belegt. Ich bin der einzige Gast, der es vorzieht, im Zelt zu übernachten. Zum Abschied frage ich meinen Gastgeber nach dem Wetterbericht. Er antwortet, ich könne im Aufenthaltsraum das Fernsehgerät benutzen. Vorher aber ziehe ich mich in die Camperküche zurück, stelle den Heizofen an und mixe mir rote Grütze mit rømme, einem fetten Sauerrahm, der als Beilage extrem mundet – was auf die Grütze aus der Packung leider nicht zutrifft. Aber ich bin dankbar, mit vergleichsweise wenigen Handgriffen auszukommen und nicht mehr ein großes Mahl zubereiten zu müssen. Ich habe unterwegs so viel Nahrung zu mir genommen, daß die Süßspeise für den Abend ausreicht. Süßes als Entschädigung, als Nervennahrung . . .

Zum Abschluß des Tages suche ich den Aufenthaltsraum auf. Ich erfahre, daß das Wetter so wechselhaft bleiben wird wie bisher. Doch egal, was noch kommen mag in den nächsten Wochen: Das heute war meine »Königsetappe«. Eine großartige Leistung! Aber ich bin mir sicher, sie nicht wiederholen zu können, vor allem nicht wiederholen zu wollen. Doch wer weiß, was noch bevorsteht?

Nationalfeiertag in Røros

Am nächsten Morgen dringen kuriose Geräusche in meinen Schlaf, so etwas Ähnliches wie »Humba humba humba tätärä«. Was war das? Der Blaue Bock? So sehr ich Heinz Schenk auch schätze – laßt mich doch bitte weiterschlafen! Uftata uftata. Immer wieder vernehme ich Blasmusik weit in der Ferne, um sofort darauf in tiefen Schlaf zu versinken. Uftata uftata. Habt Spaß zusammen, aber laßt mich in Ruhe! Uftatatam! Da geben mich die Sandmännlein frei. Der Blick zur Uhr beweist: Elf Stunden habe ich fest geschlafen. Jetzt fühle ich mich frisch, als hätte es niemals Wind, schmerzende Glieder und kalte Füße gegeben.

Die Routinearbeiten sind schnell erledigt, obwohl die Zeit nicht drängt. Der Wind hat sich gelegt. Die Wolken huschen über den Himmel, ohne etwas von ihrer Ladung nach unten zu schicken. Gegen 11 Uhr setze ich meine Reise fort, um eine Dreiviertelstunde später in Røros einzutreffen. Kurz vor der Stadt überholen mich gut zwei Dutzend schwere Motorräder, allesamt Harley Davidsons. Die bärtigen, meist langhaarigen Fahrer könnten mühelos einem Hollywood-Streifen aus den 60er Jahren entsprungen sein: schwarzes Leder, Stirnbänder, die Bräute auf dem Sozius – alles zusammen ein peppiger Kontrast zu dieser stillen Ecke Norwegens.

Von Stille kann am 17. Mai allerdings keine Rede sein. Je näher ich dem Zentrum komme, desto deutlicher ist die mittlerweile vertraute Blasmusik zu hören. Und da sind sie: Ein wahrlich bunter Haufen von Menschen bewegt sich über die Hauptstraße. Die Musikkapelle stellt nur einen kleinen Teil der Umzugsteilnehmer, wenn auch den lautesten. Da schieben Mütter in Trachten fähnchengeschmückte Kinderwagen, während die Männer meist im Sonntagsanzug mitlaufen, einen Anstecker in den norwegischen Nationalfarben an die Brust geheftet. Einige Frauen ziert der traditionelle Silberschmuck, der von Generation zu Generation vererbt wird. Mich überrascht, daß viele Jugendliche, Mädchen wie Jungen, in Trachten dabei sind, offensichtlich ohne sich eingeengt oder steif zu fühlen. Eine geschlossene Gruppe trägt legere rote Klamotten und Mützen: »Rød Russen 91« steht auf dem hübsch verzierten

Transparent, das sie mit sich tragen. Es handelt sich um die diesjährigen Abiturienten, wie mir mein Nebenmann erklärt. Der ist übrigens ganz normal angezogen – keineswegs der einzige. Wer nun warum am Umzug teilnimmt – viele stehen »nur« am Straßenrand, um das Spektakel zu verfolgen –, entzieht sich meiner Kenntnis, spielt auch nur eine untergeordnete Rolle.

Es ist ein bunter, ein fröhlicher Aufmarsch, mehr Volksfest als bedächtig wichtiges Daherschreiten, ohne einheitlichen Schritt und ohne militärisches Gehabe wie so viele Paraden an Nationalfeiertagen anderer Völker. Vielleicht wäre es anders, wenn die Norweger eine längere eigenständige Geschichte besäßen und auf glorreiche Schlachten zurückblicken könnten. Aber diese Art zu feiern wirkt wesentlich sympathischer.

Am Ende der Hauptstraße beginnen sich die Menschen zu zerstreuen. Ich erinnere mich meiner Chronistenpflicht und krame den Fotoapparat aus der Lenkertasche hervor, doch bevor ich einen geeigneten Platz finde, ist der Umzug vorbei und die Chance auf ein typisches Motiv im Eimer. Der Hinweis in Os hatte 12 Uhr gelautet. Nur hatte mein Gastgeber die Anfangszeit mit dem Ende des Umzugs verwechselt. Ein wenig bedauere ich diesen Irrtum, nicht wegen des Fotos, sondern wegen der lockeren Atmosphäre, die ich gerne weiter genossen hätte und die sich nun mit dem Ausklang verflüchtigt. Die Menschen strömen in alle Himmelsrichtungen, sicher zum Essen. Schade. Es hat nicht sollen sein.

Kein Grund aber, Røros bereits zu verlassen. Die Stadt verfügt über einen originalen, architektonisch einheitlichen Kern, der schon als Kulisse für eine Reihe historischer Filme gedient hat. Die Beamten der UNESCO scheinen einen dieser Streifen gesehen zu haben, denn sie haben den Stadtkern in die Liste erhaltenswürdiger Kulturdenkmäler aufgenommen. Der Denkmalsstempel verleiht Røros den gleichen Status, wie ihn das Schloß von Versailles oder die ägyptischen Pyramiden besitzen.

Røros steht im Zeichen des Bergbaus. Vor etwa 350 Jahren wurden im Ortsgebiet gewaltige Kupfererzvorkommen entdeckt. Im Laufe der Jahrhunderte entstanden in der Umgebung ständig neue Gruben. Dem Ausbau fielen ausgedehnte Waldflächen zum

Alte Häuserzeile direkt vor den Erzhalden

Opfer, die nur teilweise wieder aufgeforstet wurden. Noch schlimmer als die Natur traf es aber die Grubenarbeiter, die mit ihren Familien unter extrem harten Lebensbedingungen leiden mußten: In dürftigen Holzbaracken zusammengepfercht, bestand ihr Leben aus Arbeiten, Essen, Arbeiten, Schlafen, Arbeiten und Frieren. Wie lange der Winter in dieser Region währt, habe ich selbst schon kosten dürfen.

Das alte Zentrum von Røros läßt sich allerdings weder mit der mondänen Eleganz von Versailles noch mit der fremdartigen Perfektion der Pyramiden vergleichen. Die beschauliche Fahrt durch die schmalen Gassen, die sich den Stadthügel hinaufziehen, versetzt mich ein bißchen in vergangene Jahrhunderte. Die meist zweigeschossigen Häuser sind außen durchwegs bestens erhalten. Die einen sind aus massiven Baumstämmen zusammengefügt, die pechschwarz oder dunkelbraun in der Sonne glänzen und auf einem Fundament aus behauenen Natursteinen ruhen. Andere haben steinerne Außenmauern, die mit Holzplanken in den verschiedensten

Farben verkleidet sind. Die Fensterrahmen sind weiß gestrichen. Alle Häuser scheinen bewohnt, und daß viele Einrichtungen dem neuesten Stand der Zivilisation entsprechen dürften, kann ich aus einem Fernsehbericht schließen, den ich vor einiger Zeit gesehen habe und der die Altstadt des südwestnorwegischen Stavanger vorstellte. Ich frage mich, wer in diesem Viertel einst gewohnt haben mag. Die Größe der Grundstücke läßt auf Wohnungen von Beamten, Vorarbeitern oder Handwerkern schließen. Ärmlich sehen die Anwesen nicht aus. Andererseits, wer weiß schon, wie viele Personen vor 100 Jahren sich unter einem solchen Dach zusammendrängen mußten? Obwohl mich das alles interessiert, erscheint es mir nicht angebracht, am Nationalfeiertag um die Mittagszeit an irgendeine Tür zu klopfen und um eine Besichtigung der Wohnung oder eine Kurzfassung der Stadtgeschichte zu bitten, die über das Grundwissen hinausgeht, das ich mir zu Hause angelesen habe.

Die letzte Grube in der Umgebung wurde 1973 stillgelegt. Trotzdem ist der Erzabbau noch immer präsent: Auf der anderen Seite des Flusses, der die Altstadt zum Osten hin begrenzt, reckt sich ein riesiger Schlackenberg in die Höhe. An dessen Rand kauert eine andere Siedlung, mit ungeteerten, verwinkelten Gassen, in denen sich schiefe Hauswände in alle Himmelsrichtungen neigen. Das könnte schon eher das Viertel der Arbeiter und Armen gewesen sein. Viele der grasbedeckten Gebäude machen einen bewohnten Eindruck. Nur ganz nahe der Halde stehen einige kleine, offenbar ungenutzte Hütten nebeneinander. Ich besichtige auch diesen Teil der Stadt. Durch die staubigen Fensterscheiben einer Hütte ist eine komplette historische Einrichtung zu erkennen. Haushaltsgeräte liegen auf dem Tisch, Pantoffeln stehen vor einem Stuhl, Holz ist akkurat neben dem Ofen gestapelt. Wie in der Schutzhütte im Gutulia-Nationalpark sind die Betten erstaunlich kurz. Die Bevölkerung muß früher im Durchschnitt kleiner gewesen sein als heute, wofür auch die niedrigen Zimmerdecken sprechen.

Es hat den Anschein, als sei diese ganze Häuserzeile als Freilichtmuseum eingerichtet. Die bemoosten Schornsteine sind mit Schieferplatten abgedeckt, die ihrerseits von Steinen beschwert sind – ein simpler und zugleich wirksamer Schutz gegen die Attacken des Wetters.

Ich lehne das Rad gegen eine der Hütten und folge einer Familie, die über einen festgetretenen Weg die Halde hinauf spaziert. Von hier oben bietet sich ein feiner Rundblick, zum Beispiel auf die ziemlich ebene Landschaft in ihren spätwinterlichen Farben Grau, Braun und Mattgrün, oder auf den weißen Kirchturm, der drüben über der Altstadt aufragt. Den Industriebetrieben auf der anderen Seite brauche ich weiter keine Aufmerksamkeit zu schenken.

Trotz des schönen Blickes hält es heute kein Neugieriger länger hier oben aus, weil ihm oder ihr der Wind um die Ohren pfeift. Bald bereue ich, meine Wollmütze nicht mitgenommen zu haben. Doch damit nicht genug: Die Sonne hat ihr kurzes Gastspiel beendet und wird von einem deftigen Schneeschauer abgelöst. Genug gesehen.

Die Weiterfahrt steht an. Die Straße erklimmt einen Berg, auf dessen Kuppe mir ein anderer Radwanderer entgegenkommt – der erste seit meinem Start in Oslo. Die roten Packtaschen, die in dem Ruf stehen, die einzigen absolut wasserdichten zu sein, verraten mir den Landsmann. Ich wechsle die Straßenseite, und wir tauschen ein abtastendes »Hallo« aus.

Der Kollege ist bereits seit Anfang April unterwegs. Vom Fährhafen Kristiansand an der Südküste ist er nach Bergen an die Westküste geradelt, wobei er noch viele verschneite Straßen zu bewältigen hatte. In Bergen nahm er ein Schiff der weithin bekannten Postbootlinie »Hurtigrute«, die ich weiter nördlich ebenfalls benutzen möchte. Es ging ganz nach Norden ins nordnorwegische Kirkenes. Der unvermeidliche Abstecher zum Nordkap war zunächst im Schnee steckengeblieben – es war einfach noch zu früh für diese Kante. Doch dann hatte ihn ein Rentierzüchter in seinem Schneescooter mitgenommen.

»Das Nordkap war nichts Besonderes, ein Felsen im Meer eben, aber die weite weiße Landschaft, das war schon toll. Danach bin ich in ziemlich großen Etappen auf der E 6 hier herunter gefahren. Die Europastraße ist streckenweise sehr stark befahren, aber es gibt zur Zeit keine Alternative, weil nur sie vom Schnee geräumt wird.«

Ich frage nach seinen weiteren Plänen. Ein Lächeln, das ich kaum interpretieren kann, huscht über sein Gesicht. »Ich möchte jetzt noch in die Gebirge, hoffe halt, daß schon ein paar Pässe offen sind, danach wieder nach Bergen. Dann will ich mit dem Schiff nach Island, auf die Färöer-Inseln, auf die Shetlands und Orkneys. Ob ich das alles schaffe, weiß ich nicht, aber ich habe neun Monate Zeit.«

Mir stockt fast der Atem, und mehr als eine Floskel bringe ich nicht heraus. »Ich weiß auch nicht, was dann sein wird«, fährt er fort. »Ich war schon einmal drei Monate mit dem Fahrrad weg und hatte große Schwierigkeiten, mich zu Hause wieder zurechtzufinden. Ich merke jetzt schon die Veränderung in mir, obwohl ich erst seit sechs Wochen unterwegs bin.«

»Wie ist denn der Kontakt mit den Norwegern?«

»Ich habe kaum Kontakt, eigentlich nur beim Einkaufen; die sprechen teilweise englisch, aber nur das Nötigste.«

»Übernachtest du nicht manchmal auf Campingplätzen?«

»So gut wie nie. Es gibt immer irgendwo einen Platz zum Übernachten.«

»Hast du denn kein Bedürfnis, einmal so richtig mit einem Menschen zu reden?«

»Eigentlich nicht.«

Er setzt wieder dieses undefinierbare Lächeln auf. Das Gespräch ist an einem toten Punkt angelangt. Ich wechsle das Thema und erzähle von meinem gestrigen Parforceritt gegen den Wind. Mein Gegenüber hat damit seine ganz speziellen Erfahrungen gemacht.

»Zweimal haben mich Böen in den Straßengraben geworfen, einmal ganz zu Anfang in Südnorwegen bei einem Schneesturm, und dann noch einmal im Norden an der Küste. Das hätte leicht schiefgehen können. Ich habe dann lieber gestoppt und mir einen Zeltplatz gesucht.«

Die Erzählung von dem Straßengraben veranlaßt mich, ihn genauer zu mustern. Er ist fast einen Kopf kleiner als ich und ausgesprochen hager. Unter den Nasenlöchern ist ihm die Haut ringförmig aufgeplatzt – möglicherweise eine Mangelerscheinung. Obwohl mich seine Pläne nichts angehen, schätze ich seine Chancen in bezug auf Island gering ein, hoffe aber, daß er diese Gedanken nicht von meinem Gesicht ablesen kann. Andererseits sind solche hageren Typen besonders belastbar, wie das Gros der Marathonläufer beweist. Mir fällt auf, daß er nicht einmal Handschuhe trägt – im Gegensatz zu mir, und dabei lästern meine Freunde, ich fühlte mich im Kühlschrank am wohlsten.

Wir benutzen fast den gleichen Fahrradtyp. Die Frage liegt nahe, ob er zufrieden ist. »Bis jetzt lief es gut. Zweimal ist mir eine Speiche gebrochen, natürlich auf der Zahnkranzseite. Ich habe zwar einen Zahnkranzabzieher dabei, mußte aber wegen des passenden Schlüssels in Autowerkstätten nachfragen. Seit kurzem habe ich Probleme mit dem Tretlager. Ich hoffe, daß es noch bis Bergen durchhält. Es gibt auf dem Land so gut wie keine Fahrradwerkstätten. In Bergen muß ich jedenfalls alles in Ordnung bringen. In Island bin ich total auf mich allein gestellt.«

Eigentlich wäre jetzt ich an der Reihe, mehr zu erzählen. Doch falls er sich überhaupt für meine Reise interessiert, verbirgt er es hinter seiner scheuen Fassade. Also wünschen wir uns gegenseitig viel Glück und fahren jeder seiner Wege. Bezeichnend, daß wir nicht einmal unsere Namen ausgetauscht haben.

Kurz hinter Røros begegnen sich Straße und Eisenbahnlinie, um auf den folgenden 100 Kilometern parallel zu verlaufen. Die Landschaft präsentiert sich zunächst wie am Tag zuvor: Schneefelder, Seen, auf denen das Eis nur zögernd weicht, rauhes Klima, steppenähnliche Vegetation. Einzig der Fluß, der sich gemeinsam mit den Gleisen zur Straße gesellt hat, bringt durch das Spiel seiner Wellen Bewegung in die stille Landschaft. Auch heute verliert sich kaum ein Auto auf meine Route.

Aber schlagartig ändert sich nun die Umgebung. Eine lange Abfahrt führt durch eine Schlucht, die enger und enger wird und über Jahrhunderte hinweg nur dem Fluß, vielleicht noch einem schmalen Pfad Platz gelassen hat. Die Trasse für die Straße mußte in die schroffen Felsen gesprengt werden, während die Eisenbahngleise oben am Hang verlaufen. Der Fluß sprintet in Stromschnellen abwärts. Ich genieße den Fahrtwind in den Haaren und kann endlich einmal wieder die Räder über eine längere Strecke rollen lassen.

Dann mündet die Straße in ein breiter werdendes Tal, das Gauladal. Von den Berghängen stürzen vereinzelt Wasserfälle herab; die meisten nur dünn, ein kurzfristiges Geschenk der Schneeschmelze. Ich passiere einzelne Höfe, Dörfer, Felder und Wiesen – grüne Wiesen. Zum ersten Mal während dieser Reise sehe ich sattes, kräftiges Grün. Die Farbe wirkt aufmunternd, spendet Kraft und sorgt für einen leichten Tritt. Und irgendein geschickter Dramaturg sorgt jetzt auch wohl dafür, daß der Himmel aufbricht und die Sonne zum Vorschein kommt.

Wie unterscheidet sich dieses Tal doch von der rauhen Höhe rund um Røros! Dort hält das Klima die Menschen eisern im kalten Griff. Hier im Gauladal müssen sie sich natürlich auch dem Klima anpassen, aber es wirkt freundlicher, als wolle es sich mit der Zivilisation arrangieren. Wo die Erde nicht urbar gemacht worden ist, reichen die Nadelwälder tief in den Talgrund, bis an den Fluß heran. Die Menschen haben sich immer dort eingerichtet, wo ihnen die Natur die Möglichkeit dazu gelassen hat. Manche der begrünten Hügel sind so steil, daß das Gras wohl nur in Handarbeit und kaum mit Hilfe eines Traktors gemäht werden kann.

Draußen lassen sich nur wenige Menschen blicken, zumeist spielende Kinder in auffallend adretten Kleidern oder Anzügen. Die norwegische Flagge, die fast jede Fahnenstange ziert, erinnert an das besondere Datum heute.

Wie in einem kleinen Rausch radle ich stundenlang weiter, um soviel wie möglich zu sehen und die angenehm warme Luft in mich aufzusaugen. Eher beiläufig nehme ich wahr, wie die Sonne allmählich hinter den lieblich gerundeten Höhenzügen verschwindet.

Als ich an einem Wohnhaus vorbeifahre, wo der Eigentümer gerade seine Flagge einholt, wird mir bewußt, wie drängend die Übernachtungsfrage geworden ist. Nicht nur, daß es schon reichlich spät ist; nach wenigen Kilometern werde ich auf die E 6 stoßen, und dort einen geeigneten Zeltplatz zu finden, dürfte sich wesentlich schwieriger gestalten als hier im Gauladal.

Doch bevor ich ernsthaft mit der Suche beginne, werde ich noch einmal abgelenkt, und meine Phantasie macht Sprünge. Direkt am Straßenrand steht ein verlassenes, altes Holzhaus. Eine mächtige Birke schützt das verwinkelte Gebäude gegen die Wetterseite, doch

Das verwunschene Haus, das der Phantasie eines Poe oder Lovecraft entstammen könnte

es erweckt den Anschein, als könnte es Regen und Wind nicht mehr lange standhalten. Bäume und Sträucher schmiegen sich eng an die Hauswand, als seien sie mit den gezimmerten Planken verwachsen. Die Treppenstufen unter der Eingangstür sind verfault, die Fenster verhängt. Das Haus hat etwas Verwunschenes, Bizarres, als entstamme es einer Gruselgeschichte von Poe oder Lovecraft. Ich stelle mir einen gekrümmten Alten vor, der, gemieden von der Umwelt, in Zimmern mit schiefen Wänden und Decken haust und nachts teuflische Rituale aus nekromantischen Büchern zelebriert. Oder die Ratten, die hinter Holzvertäfelungen scharren und ungeduldig die Dunkelheit herbeisehnen. Oder den tückischen Marder, der verborgen im Geäst lauert und nur auf den Moment wartet, durch ein unachtsam aufgelassenes Fenster ins Innere zu springen und einem schlafenden, nichtsahnenden Gast des Hauses das Herz aus der Brust zu fressen . . . Reminiszenzen an meine Jugend, in der ich solche Bücher verschlang.

Um auszuprobieren, ob die Tür überhaupt verschlossen ist und ich vielleicht in der alten Kiste übernachten kann, dazu fehlt mir dann doch der Elan.

Nur ein kurzes Stück weiter ist der Zeltplatz gefunden. Eine Insel im Fluß, das wär' doch was! Ein steiler Fahrweg führt hinunter zum Fluß, der an dieser Stelle dermaßen flach ist, daß ich mein Fahrrad über einige Steine wuchten kann, ohne dabei naß zu werden. Die Insel scheint der ortsansässigen Bevölkerung als Schutthalde zu dienen; vor allem Eisenträger und ausrangierte Maschinen rosten im wuchernden Gras vor sich hin. Nach längerem Suchen finde ich einen ungestörten, sauberen Fleck zwischen Bäumen. Ich stelle das Zelt so auf, daß ich vom Eingang aus den Wasserfall sehen kann, der gegenüber von der Bergwand stürzt. Nach zehn Minuten brodelt die Abendsuppe im Topf.

»We like to drink alcohol«

Es folgt ein Tag der unliebsamen Überraschungen. Zuerst mache ich Bekanntschaft mit der Europastraße 6, die sich von der Südspitze Schwedens über 3500 Kilometer bis hinauf an die norwegisch-russische Grenze zieht. Ich kenne Reportagen von Radfahrern, die diese Strecke durchgefahren sind und stolz darauf waren. Sicher, die sportliche Leistung mag anerkennenswert sein, doch mit welchen Umständen ist sie erkauft? Ständig ziehen Autos, Lkw, Wohnwagen-Gespanne und Wohnmobile an dem Radler vorüber. Für mich ist das nach all den Tagen der Ruhe ein unerträglicher, furchtbarer Krach. Außerdem ermuntert die breite Straße die Autofahrer zu einem rasanten Einsatz des Gaspedals. Nein, wer freiwillig tagtäglich laute, stinkende Blechkarawanen in Kauf nimmt, anstatt auf Nebenwege auszuweichen, gibt seine eigentliche Absicht zu erkennen: auffallen, anderen zeigen, was man zu sein glaubt.

Die unvermeidliche Teilstrecke auf der E 6 ließe sich eher ertragen, wenn die Landschaft etwas beeindruckender wäre. Doch leider setzt sich die Kulisse des Gauladals nicht fort. Daran ändert sich auch nichts, als ich die E 6 an der nächstmöglichen Kreuzung wieder verlasse. Das südöstliche Umland von Trondheim erinnert ein wenig an die Holsteinische Schweiz: eine hügelige Landschaft aus Wäldern, vor allem aber Ackerflächen. Keine Schluchten, keine Wasserfälle – ich fühle mich enttäuscht, so als folge auf sieben Tage Erdbeeren mit Schlagsahne ein trockener Streuselkuchen. Aber die grünen Wiesen, noch satter als im Gauladal und dank Löwenzahn gelb gesprenkelt, laden zu einer Rast; um so mehr, als die Sonne sich zum erstenmal auf dieser Etappe zu einem dauerhaften Besuch bereitfindet.

Sportlich scheinen sie in dieser Kante zu sein! Innerhalb kurzer Zeit begegnen mir mehrere Radrennfahrer, Jogger und sogar ein Langläufer auf Rollski. Ich passiere verlassene Skisprungschanzen, die auf den Winter warten, Trabrennbahnen und Reitplätze, auf denen sich Kinder mit ihren vierbeinigen Freunden vergnügen. Die Sonne treibt die Anwohner ins Freie. Am See Jonsvatnet, einem Trinkwasser-Reservoir des nahen Trondheim, finden sich Gruppen zum Picknick zusammen.

Die Sonne belebt nicht nur die Menschen. Plötzlich schießt kläffend ein Hund auf mich zu, als wolle er mich anspringen. Instinktiv taste ich nach der Luftpumpe, dem einzig erreichbaren Verteidigungsinstrument. Gleichzeitig hebe ich das Bein, um ihm die Angriffsfläche zu nehmen. Doch zum Beißen verspürt der aggressive Waldi nicht die rechte Lust. Dafür tanzt er unentwegt bellend um mein Fahrrad herum, bis ihn Herrchen zurückpfeift. Großes Aufatmen.

Das alles dauert nur wenige Sekunden. Zum ersten Mal hat mich die Angst gepackt, aber wie! Was wäre, wenn die Reise durch einen Hundebiß enden müßte! (Die Situation sollte sich noch einige Male wiederholen, und immer zuckte ich zusammen und konnte nur darauf hoffen, daß mein kleiner Feind die gleiche gute Erziehung wie dieser erste Gegner genossen hatte und auf den entscheidenden, schmerzhaften Angriff verzichtete.)

Die Stimmung steigt erst wieder, als ich auf einer langen Abfahrt nach Hommelvik hinunterrase. Unten erwartet mich der erste Fjord der Reise. Wie schon die Karte vermuten ließ, muß ich auf den Meerblick allerdings noch etwas warten. Der Trondheimsfjord und seine Verzweigungen wirken wie ein riesiger Binnensee, doch die Wasserstraße zur Nordsee bleibt hinter felsigen Höhenzügen verborgen.

Als sich Stunden später der letzte unumfahrbare Abschnitt der E 6 dem Ende zuneigt, erhoffe ich mir nicht mehr viel von diesem Tag. Bei Åsen biege ich links zur Halbinsel Frosta ab, um später am Fjord ein lauschiges Plätzchen für das Zelt zu finden. Kurz nach der Abfahrt durchquere ich den ersten Tunnel der Reise – und als ich daraus hervortauche, trete ich in eine wundersame Welt ein: Kleine, spitz gebogene Hügel empfangen mich, von tiefgrünen Wiesen überzogen. Die eng aneinandergedrängten Kuppeln wirken zart und zerbrechlich wie Spielzeug. In den Senken behaupten sich Wälder, doch oberhalb ist alles Acker und Feld. Die tiefstehende Sonne direkt hinter den Hügeln überspannt Frosta mit verklärend schimmerndem Licht.

Überall sind die Menschen auf den Beinen. Sie sitzen in Gärten, an Sportplätzen oder am felsigen Strand beisammen, als feierten sie ein Volksfest. Am Fjordufer brennt ein Lagerfeuer neben dem anderen. Ich werde nun doch auf einem Campingplatz übernachten müssen, weil die ausgedehnten Felder und Wiesen kaum einen stillen Winkel freilassen und zumeist bis an den Fjord heranreichen. Nach 13 Stunden auf dem Rad habe ich weder Lust, mich im Wald zu verkriechen, noch die Muße, nach dem Verfahren »trial and error« einen abgeschiedenen Uferstreifen aufzuspüren.

Die letzten Kilometer werden zur Qual. Das ständige Auf und Ab zermürbt und pumpt die Reserven aus. Ständig schieben sich neue Hügel zwischen mich und mein Ziel. Die Beine sind schwer, und dem Kopf gehen die Strategien aus, wie man sich gegen die Neigung, aufzugeben, schützt. Die Begeisterung über die wellige Halbinsel weicht schließlich Ärger und Zorn. Ich schlage wütend mit der Hand auf den Lenker. Ich will jetzt endlich ankommen. Mit 149 Kilometern sollte es die längste Tagesetappe der Reise werden.

Auch das noch! Der Campingplatz scheint nur aus Wohnwagen zu bestehen. Laute, aufgekratzte Stimmen ringsherum, Kinder laufen durcheinander, brennende Reisighaufen am Fjordufer –

Fröhlichkeit regiert, zu viel Trubel für einen geschlauchten Radler. Rückzug?

Am Kiosk empfangen mich zwei freundliche Mittvierziger, Ruth und Jakob: »Heute ist Pfingstsamstag, das gibt eine lange Nacht. Tradition bei uns in Norwegen.«

Deshalb die ausgelassene Stimmung. Nein, ich habe nichts von Pfingsten gewußt. Wie lange ich auf Frosta bleiben wolle? Ich spüre meine Müdigkeit und antworte wahrheitsgemäß, daß ich morgen eventuell ausspannen und hierbleiben möchte, um dann weiter gen Norden zu radeln.

Mit dem Fahrrad sei ich unterwegs? Zielsicher zieht Jakob Kataloge und Übersichtskarten aus einem Stapel heraus, um mir alle möglichen Routen für die Weiterfahrt vorzustellen. Die Hilfsbereitschaft ist nicht aufgesetzt; der Mann sprüht vor Eifer, so daß ich die Strapazen und mein Selbstmitleid vergesse und seinen interessanten Tips folge.

Die herzliche, liebenswürdige Art des Ehepaars hat jeden Gedanken ans Weiterfahren längst weggefegt. Ja, sie haben eine Zeltwiese, abseits der Wohnwagenkolonie. Die Anspannung verschwindet, und ich bin über mich selbst überrascht, wie schnell ich mich mit den Umständen arrangiere, obwohl ich mir den Aufenthalt zuerst anders vorgestellt hatte. Mit Prospekten, Ratschlägen und einer Flasche Limonade versorgt, verlasse ich die Rezeption.

Die Zeltwiese ist leer, wie gewohnt. Die ganze Nacht über dringt zwar eine markerschütternde Lache aus einer benachbarten Hütte in meinen Schlaf, aber sie stört mich nicht. Der Tag der unliebsamen Begegnungen hat doch noch einen versöhnlichen Abschluß gefunden.

Die Regentropfen, die morgens auf das Zeltdach hämmern, überzeugen mich von der Notwendigkeit eines Ruhetags, den ich ohnehin erwogen hatte. Ich beginne mit einem ausgedehnten Strandspaziergang.

Als ich zurückkomme, winkt mich Jakob zu sich. Er hat neuen Lesestoff für mich gesammelt. »Ich arbeite in der Holzfabrik von Skogn. Wir liefern zum Beispiel das Zeitungspapier für einen großen Hamburger Verlag. Und das hier«, er überreicht mir feierlich eine Tageszeitung, »ist Adresseavisen, unser Lokalblatt. Das Papier wird ebenfalls bei uns hergestellt.«

»Arbeiten denn viele Campingplatz-Besitzer nebenher?«

Er schüttelt nachdrücklich den Kopf. »Es ist anders herum. Der Campingplatz ist der Nebenverdienst. Wir haben Feriensaison von Mai bis September, auf diesem Platz vom 1. Juni bis zum 20. August. Im Norden ist die Saison noch kürzer. Davon kann niemand leben. Es gibt nur ganz wenige, die einen Campingplatz hauptberuflich betreiben. Solche Plätze müssen entweder an der Küste liegen oder dort, wo man auch skilaufen kann. Und die Hütten und alle Einrichtungen müssen für den Winter isoliert sein, Auflagen sind zu erfüllen, und der Standard steigt. Das kostet viel, viel Geld.«

Mir war zwar aufgefallen, daß viele Campingplätze zu Höfen oder Tankstellen gehörten, aber über die Zusammenhänge hatte ich mir noch keine Gedanken gemacht.

»Außerdem brauchen norwegische Familien häufig einen Nebenjob, um überhaupt über die Runden zu kommen«, fährt Jakob fort. »In Deutschland denkt man immer, Norwegen sei ein Sozialstaat. Wir müßten zwar hohe Steuern zahlen, bekämen dafür aber auch hohe Löhne. Aber das stimmt nicht. In der Ölbranche ja, da zahlen sie tatsächlich ein Wahnsinnsgeld, aber sonst verdienen wir nicht mehr als anderswo. Und damit gehe einmal einkaufen, egal was! Wenn du hier ein Auto kaufst, das in Deutschland 30 000 DM kostet, bezahlst du mehr als das Doppelte. Luxussteuer. Von wegen Luxus. In solch abgelegenen Gebieten kommst du ohne Auto gar nicht aus, das ist Notwendigkeit und kein Luxus. Solche Sachen könnt ihr als Ausländer natürlich nicht wissen. Aber es ist interessant, sich darüber zu unterhalten und zu vergleichen. Wir haben hier viele deutsche Gäste, die immer wieder kommen, weil sie im Fjord gut angeln können.«

Das war mir bereits während des Spaziergangs aufgefallen. Überall auf dem Fjord liegen große und kleine Boote, in denen die Petrijünger sitzen und darauf warten, daß etwas anbeißt. In einer Felsnische steht sogar ein Metalltisch, auf dem die Angler ihre Beute ausnehmen und filetieren können. Die Reste werfen sie ins

Wasser, auf dem die Möwen schwimmend ihre Kreise ziehen und sich gierig um jeden Happen zanken. An mehreren Leinen baumeln die bratfertigen Fischleiber.

Ein Fisch ist es auch, der ein neues Gespräch einleitet. Während ich die Bremsbacken meines Rads überprüfe, kehren vier junge Männer in die Hütte zurück, aus der vergangene Nacht jene ganz individuelle Lache dröhnte. Einer bleibt bei mir stehen, schaut mir eine Weile zu und fragt, ob ich nicht einen Fisch haben wolle. Er und seine Freunde kämen gerade vom Angeln. Erfreut nehme ich das Angebot an, muß aber hinzufügen, daß ich keinen Fisch ausnehmen könne.

Während wir gemeinsam zum Filetiertisch wandern, stellen wir uns einander vor. Er heißt Gunnar, kommt aus Östersund in Mittelschweden und ist mit seinen Freunden zum Angeln hergefahren, was sonst? »Wir kommen gern nach Norwegen; hier gefällt mir vieles besser als zu Hause in Schweden. Weniger Umweltzerstörung, weniger Plastik, und vor allem die lange Küste.«

Das Schwedische ist dem Norwegischen zwar verwandt, doch die Umstellung bereitet mir Probleme. Der Gesprächsfluß stockt gelegentlich, und ich muß mehrmals nachfragen.

Mit geübten Handgriffen nimmt Gunnar den Fisch aus, entfernt mit dem Messerrücken die Schuppen und spült den präparierten Körper aus. Was das für ein Fisch sei, frage ich.

»Eine Art Dorsch«, lautet die Antwort. Aha!?

Auf dem Rückweg erkundigt er sich nach meiner Reise. Ich würde gern noch mehr von ihm über die Unterschiede zwischen Norwegen und Schweden erfahren. Aber bevor ich die Rede darauf bringen kann, ruft ihm einer seiner Kumpels zu, das Essen sei bald fertig und der Wodka werde kalt.

»Komm uns heute abend besuchen«, lädt mich Gunnar spontan ein und läuft zu seiner Hütte.

Warum nicht? Doch erst einmal gilt meine Aufmerksamkeit dem weißen Fischleib, der bald in der Pfanne brutzelt und verführerisch duftet. So gut der »Dorschartige« auch schmeckt – satt werde ich nicht. Heimlich rühre ich noch eine Tomatensuppe an, schütte einen gehörigen Batzen Reis hinein und stille den letzten Hunger.

Hoffentlich entdeckt keiner der Schweden meinen Frevel, den leckeren Fisch zur Vorspeise degradiert zu haben. Drüben hebt die Lache wieder an. Ich bin gespannt auf den abendlichen Besuch.

Als ich eintrete und grüße, sehe ich in glasige Augen. In der Hütte ist keiner mehr nüchtern. Gunnar, mein bisheriger Gesprächspartner, stellt mir Erik, Klasse und Roland vor und erklärt die Situation: »We like to drink alcohol.«

Instinktiv plaziere ich mich nahe der Tür, um mir den Fluchtweg offenzulassen. Nun scheinen meine Gastgeber zwar betrunken, letztendlich aber harmlos zu sein. Obwohl sie mir mehrmals ihren dubiosen Wodka anbieten, drängen sie mich nicht und werden auch nicht aggressiv, als ich zum wiederholten Male ablehne. Auf meinen Wunsch bekomme ich Cola kredenzt.

Die Gespräche bleiben zwangsläufig bescheiden. Ich habe meine liebe Mühe, die anderen zu verstehen. Das Schwedische bereitet weniger Probleme als die gedehnte Artikulation, zu der der Alkohol die Zungen zwingt. Gunnar ist der einzige, der sich Mühe gibt und noch in der Lage ist, zusammenhängend zu erzählen. Die von ihm aus Schweden mitgebrachte Colaflasche aus Kunststoff läßt ihn zu unserem Nachmittagsthema zurückkehren, dem Vergleich Norwegen/Schweden.

»So eine Flasche gibt es in Norwegen gar nicht. Hier werden nur Glasflaschen verkauft.«

Nun waren mir während der eineinhalb Wochen bereits zweimal genau solche Kunststoffflaschen aufgefallen. Aber es macht unter diesen Umständen wahrscheinlich keinen Sinn, sich auf eine Diskussion einzulassen. Ich versuche, das Gespräch auf einen Aspekt zu verlagern, der mich wirklich interessiert: »Ich habe nicht erwartet, daß ein Schwede Norwegen so toll findet. Normalerweise besteht zwischen Nachbarn doch immer etwas Konkurrenz, auch Neid.«

»Es gibt Schweden, die die Norweger ärgern wollen und als Bauern bezeichnen«, erklärt Gunnar, »und die Norweger beschweren sich dann über die großmäuligen Schweden, die alles besser wissen wollen. Ja, es gibt schon Reibereien. Das siehst du daran, wieviel Norweger-Witze die Schweden erzählen und umgekehrt. Willst du welche hören?«

Das Stichwort ist gefallen. Bevor ich etwas antworten kann, sprudeln die ersten Anekdoten. Die meisten Geschichten ähneln den deutschen Ostfriesen-Witzen. Über Geschmack läßt sich bekanntlich streiten, aber der niveauvollste besitzt etwa folgende Qualität: »Ein Norweger kommt freitags in einen Laden, und erklärt dem Verkäufer, er habe sich ein Grundstück gekauft, auf dem er ein Ferienhaus errichten wolle. Nun brauche er eine Säge, um übers Wochenende die Bäume zu fällen. Der Verkäufer empfiehlt ihm eine Motorsäge, mit der sein Kunde die Bäume ganz schnell fällen könne. Der Norweger kauft sie. Montags erscheint er wieder im Laden und meint: ›Also irgend etwas kann mit der Säge nicht stimmen. Mit Mühe und Not habe ich drei Bäume geschafft.‹ Der Verkäufer wundert sich, weil es mit diesem Modell noch nie Probleme gegeben hat. Er stellt sie auf den Tisch und wirft sie an. Wundert sich der Norweger und fragt: ›Ach, brummen kann die auch?‹«

Nun ist die Gesellschaft bei Laune, und so gebe ich den einzigen Norweger-Witz zum besten, den ich kenne. »Als die EG gegründet wurde, wollten die Skandinavier ebenfalls eine Wirtschaftsgemeinschaft auf die Beine stellen. Aus geheimen Dokumenten ist jetzt hervorgegangen, warum diese angestrebte Zusammenarbeit nie zustande gekommen ist. Alles war geplant und abgesprochen: Die Finnen sollten für die Gestaltung zuständig sein, die Schweden für die Produktion und die Dänen wegen ihrer Lage für den Vertrieb. Als man sich traf, um den Vertrag zu unterschreiben, stellte man fest, daß die Norweger bei der Aufgabenverteilung vergessen worden waren. Der norwegische Delegationsleiter freudestrahlend: ›Kein Problem, wir übernehmen die Kantine.‹«

Jene durchdringende Lache, das ist jetzt klar, stammt von Klasse. Roland hat sich inzwischen ins Bett verkrochen und murmelt auf die Zurufe seiner Kumpel, es sei ihm zu anstrengend, er wolle jetzt nicht mehr mit dem Deutschen reden. Gunnar betont einmal mehr, wie gerne sie nach Norwegen kommen. Ich nehme ihm das ohne weiteres ab; die Witze waren eher ein willkommener Anlaß zur

Fröhlichkeit. Meine Aufmerksamkeit gilt jetzt aber Erik, der beim Lachen einen großen schwarzen Fleck zwischen Lippen und Kiefer zeigt, als hätte er einen Klumpen Teer im Mund. Die anderen bemerken meinen fragenden Blick und zeigen mir des Rätsels Lösung: Snus! Das ist also jener merkwürdige Tabak, der weder geraucht noch geschnupft noch gekaut, sondern einfach im Mund gehalten und später herausgenommen wird. Der Tabak, der in Deutschland aus unerfindlichen Gründen verboten ist.

Der nächste Höhepunkt des Abends drängt sich also geradezu auf: Der Deutsche probiert Snus. Natürlich gelingt es mir nicht, den Klumpen zusammenzuhalten; der Tabak zerbröselt, landet im Magen und im Taschentuch. Und der Geschmack? Ich passe. Die Szene, die unter anderen Bedingungen Anlaß zu Schadenfreude und Gejohle gegeben hätte, versandet hier unter dem Regiment des Suffs. Die drei verbliebenen Musketiere schaffen es kaum noch, ihre Worte und Bewegungen zu koordinieren. Gunnar erinnert noch einmal: »We like to drink alcohol.«

Es ist an der Zeit, nach einer Ausrede zu suchen, um mich zu empfehlen. Aber alarmiert durch die Ankündigung ihres Gastes, er wolle abtreten, gelangen meine Gastgeber zu der Überzeugung, wir sollten alle zusammen eine Partie Karten spielen. Okay, wenigstens eine Beschäftigung. Der Anfang ist simpel: Jeder schmeißt eine Karte auf den Tisch. Bleibt das Problem, wie die Spielregeln lauten. Beim ersten Stich gewinnt eine Dame, beim zweiten eine Zehn, beim dritten gar eine Sieben, obwohl auch eine Dame und ein As auf dem Tisch liegen. Als alle Karten ausgespielt sind, schmiert sich ein Mitspieler ein Brot, während der zweite geistesabwesend lächelt und der dritte hinausgeht, um die letzte Flasche Wodka bis auf einen kleinen Rest auszuschütten. Keiner kümmert sich darum, die Punkte zu zählen. Nach einer Anstandsminute sage ich adieu, verweise darauf, mein Geschirr noch nicht gespült zu haben und morgen früh aufbrechen zu wollen. Ein dreifaches »Hej« verabschiedet den lieben Gast.

Draußen atme ich die frische Luft in vollen Zügen ein. Die Jungs waren mir durchaus sympathisch, doch es mag der falsche Zeitpunkt für einen Besuch gewesen sein. Jeder wird im Lauf seines

Lebens mit Besoffenen konfrontiert, aber eine solche Szene hatte ich noch nicht erlebt. Kein Kummer, kein Liebesschmerz, kein festlicher Anlaß, keine Betriebsfeier, kein pubertäres Emanzipationsstreben. Saufen als Programm. We like to drink alcohol. Same procedure as ...

Bahnfahrt in den Norden

Ein Abschied steht bevor. Die Wälder und Seen Ostnorwegens waren ein schöner Einstieg. Gleichzeitig weckten sie in mir ein Gefühl von Vertrautheit, obwohl die Route fast keinen Punkt berührte, den ich von früheren Reisen her kannte. Aber nun fühle ich mich reif für etwas ganz Neues, das ich noch nie gesehen und erlebt habe. Unwiderstehlich locken die Lofoten, oberhalb des Polarkreises. Sie sind das nächste große Ziel.

Nördlich von Trondheim ist Norwegen so schmal, daß nur zwei Straßen für die Weiterfahrt in Frage kommen: die Küstenstraße und die E 6. Die stark befahrene Europastraße habe ich bereits kosten dürfen, und ich kann liebend gern auf sie verzichten. Also werde ich demnächst in die Eisenbahn nach Bodø umsteigen. Die Hafenstadt Bodø liegt fast auf derselben geographischen Breite wie die Lofoten, mit denen sie per Schiff verbunden ist. Die Küstenstraße hebe ich mir für die Rückfahrt auf, denn ich habe es eilig: Wir schreiben den 20. Mai. In wenigen Tagen wird die Mitternachtssonne zum ersten Mal auf den Lofoten scheinen, und da möchte ich selbstverständlich dabeisein.

Vor der Abfahrt studiere ich die Karte. Ein paar Kilometer werde ich nordwärts radeln, um in zwei, drei Tagen den Zug zu nehmen. Das Wetter soll über den Zeitpunkt des Umsteigens in den Zug entscheiden. An diesem Pfingstmontag zeigt es sich von seiner miesen Seite: den ganzen Tag über Regenschauer. Erstmals wird meine Regenkleidung einer unerbittlichen Prüfung unterzogen. Sie besteht sie nur halb. Das Wasser von oben bleibt zwar draußen, die Körperfeuchtigkeit dafür aber drinnen. Immerhin »funktioniert« die Unterwäsche, indem sie den Schweiß an die äußeren Kleiderschichten weiterleitet. Die problematischsten Stellen sind die beiden Oberschenkel, wo die Regenhose direkt aufliegt und jede Luftzirkulation verhindert. Am Rücken ist es ähnlich. Aber sobald der Regen aufhört, versöhnen mich die Klamotten wieder: Im Fahrtwind brauchen sie nur wenige Minuten zum Trocknen.

Die Landschaft gibt sich unverändert fade, so daß ich mich, ohne etwas zu versäumen, meinem Kleidertest widmen kann. Die einzige Abwechslung bieten die Teilnehmer eines Radrennens, die mir am langgezogenen See Leksdalsvatnet entgegenkommen. Das Feld ist weit auseinandergezogen. Die vorderen Gruppen sind voll und ganz mit sich, den Gegnern und dem Wetter beschäftigt, während die roten Laternen die Sache weniger ernst nehmen und dem Radwanderer ein heiteres »Hei« spenden. Es ist nur ein Wort, aber die Art, wie sie es rufen, bewirkt etwas, muntert auf, vermittelt Respekt und Solidarität. Mange takk – vielen Dank.

Am Abend des folgenden Tages treffe ich am Bahnhof von Snåsa ein, von wo aus ich die Reise mit dem Nachtzug nach Bodø fortsetzen möchte. Ich nehme die Nachtabfahrt. Mit dieser Verbindung habe ich nur sechs Stunden Aufenthalt, bevor ich auf das Schiff umsteigen kann. Das Ticket habe ich schon morgens in Steinkjer erstanden, weil für die Passagen nach Bodø Platzkarten vorgeschrieben sind und weil die Züge nur bei (angemeldetem) Bedarf in Snåsa halten.

Der Bedarf bin ich. Als sich der rote Zug wie ein endloser Wurm um die letzte Kurve schiebt, stehe ich allein auf dem Bahnsteig. Es herrscht Dämmerlicht, die Uhr zeigt kurz vor halb zwei. Der Lokführer hält präzise an: Der Gepäckwagen kommt direkt vor meiner Nase zum Stehen. Der Schaffner scheint vorbereitet, so daß Fahrgast und Ausrüstung ruckzuck verstaut sind. Die Bestellung per Computer hilft Minuten sparen. Plötzlich befinde ich mich wieder mitten im Zeittakt der Zivilisation. Nach nicht einmal 30 Sekunden setzt sich der Zug in Bewegung.

Das Fahrrad hängt senkrecht an einem Haken. Der Schaffner empfiehlt mir, ich solle alle weiteren Gepäckstücke mit mir nehmen, sonst müsse er 30 NOK pro Teil kassieren. Mit der Suche nach

Richtung Polarkreis – die Eisenbahn von Trondheim nach Bodø

meinem reservierten Platz beginnt die Odyssee im Nachtzug. Die Beschriftung der Abteile ist unvollständig. In zwei Etappen trage ich das Gepäck durch die Waggons, erst nach hinten, dann wieder ein Stück zurück. Manche der Reisenden, die ich inzwischen zum sechsten Mal passiere, nicken mir zu, als sei ich ein alter Bekannter. Viele befinden sich bereits im Reich der durchgerüttelten Träume, so daß ich mich kaum traue, schon wieder die Abteiltür aufzureißen und durch den Gang zu keuchen, ganz zu schweigen von der Schwierigkeit, das voluminöse Gepäck an den Fahrgästen vorbeizutragen, ohne daß ihnen die Einzelteile um die Ohren fliegen.

Als ich endlich den richtigen Platz finde, kleben die Klamotten am Körper. Im Abteil ist es unerträglich warm, weil fast jeder Platz besetzt, die Heizung voll aufgedreht und natürlich kein Fenster geöffnet ist. Um mich abzulenken, versuche ich mich auf die Landschaft zu konzentrieren.

2.15 Uhr. Es wird schon wieder heller. Wir durchfahren ein kaum besiedeltes Tal mit tiefen, dunklen Nadelwäldern, das Namdal. Die höheren Berge tragen noch dichte Schneekappen. Obwohl die Europastraße parallel zu den Gleisen verläuft, strahlt das Namdal eine tiefe Stille aus, die mich an die Tage rund um den Femund-See erinnert. Schräg mir gegenüber sitzen zwei ältere Semester, die ihre Schirmmützen über die Augen gezogen haben und um die Wette schnarchen. Auch bei mir meldet der Schlaf seinen Anspruch an. Doch ich möchte wach bleiben und mich satt sehen. Ich bedaure zutiefst, nicht auf jede Seite gleichzeitig blicken zu können.

3.00 Uhr. Es ist taghell. Der Zug klettert langsam, aber beständig. Tundra und Sümpfe lösen allmählich die Wälder ab. Wie schnell das geht! Welch ein Unterschied zum Reisen mit dem Fahrrad! Ich sitze geschützt, aber auch getrennt von der Natur hinter Glas und sehe die Landschaft an mir vorbeihuschen, ähnlich wie im Auto. Als Fahrradfahrer erlebt man die Natur wegen der langsamen Fortbewegung viel intensiver, wird rascher mit ihr vertraut und muß sich dem Terrain und dem unvorhersehbaren Rhythmus des Wetters anpassen. Zufrieden lasse ich die beiden letzten Wochen gemächlich Revue passieren, bis ein Farbenspiel im Augenwinkel meine Aufmerksamkeit wieder nach draußen verlagert.

Morgenrot liegt über den Sümpfen, als ob der Prinz der Dornröschenlandschaft einen Kuß auf die Lippen gehaucht hätte. Nebel und Wasserdampf steigen im Licht der aufgehenden Sonne auf. Die Schönheit erwacht. Drinnen im Abteil rutscht eine Schirmmütze mir gegenüber nach unten und legt eine Glatze frei. Der Anblick des Schnarchers läßt mich gähnen. Nein, bitte nicht schlafen.

3.48 Uhr, oder 4.38 Uhr? Bin ich etwa doch eingenickt? Kein Wald mehr, statt dessen zugefrorene Seen und Sümpfe, Schneekuppen überall. Die Glatze hat sich eine Jacke über den Kopf gezogen. Dunkelheit . . .

Kurz vor sechs. Der Zug trifft in Mo i Rana ein: grau in grau, Schornsteine, verrußte Hauswände, potthäßlich. So etwas habe ich nicht erwartet. Dann doch lieber weiterschlafen. Stellungswechsel im unbequemen Sitz.

Als ich endgültig aufwache, fahren wir direkt am Wasser entlang. Der Blick darauf wird nur gelegentlich von Tunnelwänden unterbrochen. 8.40 Uhr, laut Fahrplanheft ist das der Saltdalsfjord. Also habe ich die Überquerung des Polarkreises verschlafen.

Fauske, die letzte Station vor Bodø. Viele verlassen den Zug und steigen in Busse um. Schulkinder nehmen ihren Platz ein. Noch eine Dreiviertelstunde bis Bodø, noch eine Dreiviertelstunde am Wasser entlang, welch eine herrliche Aussicht! Die Schirmmütze befindet sich wieder an ihrem ursprünglichen Platz. Es kommt Leben ins Abteil. Zum zweiten Mal werden Kaffee und belegte Brötchen in Plastik serviert. Nein danke. Nur endlich aufstehen und sich richtig strecken können!

Bei Nieselregen verlasse ich in Bodø den Zug. Hier würde die Bahnfahrt zu Ende sein, selbst wenn ich weiterreisen wollte. Bodø ist der nördlichste Punkt des norwegischen Eisenbahnnetzes. Im eisfreien Hafen Narvik, 300 Kilometer nördlich, gibt es zwar noch einen Bahnhof, doch die Gleise dorthin kommen von Schweden. Man legte sie um die Jahrhundertwende, um das Erz aus Kiruna und anderen schwedischen Abbaugebieten nach Narvik zu transportieren, wo es ganzjährig auf Schiffe umgeladen werden kann.

Zurück nach Bodø: Der Schiffsanleger befindet sich im Industriehafen, ganz in der Nähe des Bahnhofs. Im Kontor kaufe ich mein Ticket und frage die Dame, wo ich das Gepäck bis zur Abfahrt lassen kann. »Draußen sind Schließfächer, aber bei dem, was du dabei hast, kann das teuer werden. Stell die Sachen doch einfach hierhin«, weist sie mir einen Platz neben ihrem Schreibtisch. Ein nettes Volk, diese Nordnorweger.

Es ist noch Zeit für eine Rundfahrt durch Bodø. Die Stadt ist alles andere als eine Augenweide, scheint aber das Dienstleistungszentrum für ein großes Einzugsgebiet zu sein: ein Geschäft neben dem anderen, vom Obstladen mit exotischem Angebot über Kaufhäuser bis zur Kondomerie. Ich endecke sogar einen Fotoladen, in dem meine belichteten Dia-Filme innerhalb einer Stunde entwikkelt werden. Allerdings weht ein kalter Wind, so daß ich mich bald auf den Rückweg mache. Die Reise zu den Lofoten ist nicht mehr weit. Das Kribbeln setzt ein.

Lofoten – Ankunft im Schneesturm

Ich stehe am Kai und warte auf den Dampfer der »Hurtigrute«, wie die Postschifflinie heißt, die seit Ende des letzten Jahrhunderts die südwestnorwegische Küstenmetropole Bergen mit den Häfen oben im Norden verbindet. Jeden Tag sticht eines der elf Schiffe in Bergen in See. 35 Häfen laufen die Postdampfer an, bevor sie nach rund 1250 Seemeilen und fünfeinhalb Tagen in Kirkenes eintreffen, nicht mehr weit von der russischen Grenze entfernt. Meine Mitfahrt wird nicht ganz so lange währen: Nur vier Stunden veranschlagt der Fahrplan für die Etappe von Bodø auf die Lofoten.

Schon früh hätte sich der Reiz dieser Schiffahrt unter den Touristen herumgesprochen, erläutert mir ein Hafenarbeiter. Ohne die Touristen wäre die Hurtigrute schon längst eingestellt worden. Mittlerweile seien drei neuere Schiffe im Einsatz, die auch Autos transportieren. Das Schiff, das heute einlaufe, die »Kong Olav«, sei allerdings eines der älteren Schiffe.

Eine unüberhörbare Sirene kündigt das Einlaufen von »König Olav« an. Sachte preßt sich der Dampfer gegen die mannshohen Reifen, die an der Kaimauer hängen. Kaum hat die Gangway den Boden berührt, drängen die ersten Touristen nach unten. Mit Fotoapparaten bewaffnet, suchen sie nach malerischen Holzhäusern, Läden mit Kunstgewerbe und Eisdielen, bevor sie bemerken, daß sie in einem Industriehafen gelandet sind. Enttäuscht und von der kühlen Witterung abgeschreckt, kehren die ersten nach wenigen Minuten an Bord zurück. Dafür herrscht nun am Bug hektische Betriebsamkeit. Ein Kran hievt Container an Deck, Tannen in gewaltigen Erdkübeln, ein Motorrad samt Gepäck. Fahrräder sind für diese spektakuläre Verladung leider nicht vorgesehen. Der Hafenarbeiter schickt mich zur Rampe. Eingekeilt zwischen Lenker und Sattel, mühe ich mich die steile, schmale Gangway aufwärts. Die metallenen Querstreben, die den Passagieren als Stufen dienen, machen das Schieben zum kraftraubenden Wuchten. Der Arbeiter hat ein Einsehen und hilft mir dabei.

Nach dem obligatorischen Rundgang widme ich mich in der Cafeteria einem ausgiebigen Mahl, das verdächtig schnell serviert wird. Während ich meinen Hunger mit Geschnetzeltem aus der Mikrowelle stille, bemerke ich gar nicht, daß wir schon ablegen.

Je weiter sich »Kong Olav« von der Küste entfernt, desto unwirscher und dunkler präsentiert sich der Himmel. Die Passagiere verziehen sich in den wohlig warmen Salon; das Gros stellen dabei ältere Semester. Ein Bordoffizier erzählt mir, daß viele lange gespart haben, um ihren Traum von dieser Schiffsreise zu verwirklichen. »Die einen warten damit, bis die Kinder aus dem Haus sind, andere feiern unterwegs ihre Silberhochzeit. Wer die ganze elftägige Reise von Bergen nach Kirkenes und zurück in der Hauptsaison unternehmen möchte, sollte ein Jahr davor buchen.«

Im Salon herrscht eine beschauliche Stimmung. Die Passagiere lesen, stricken und unterhalten sich. In dem Sprachgewirr kann ich Norwegisch und Englisch, Französisch und Holländisch, Deutsch und Schweizerdeutsch unterscheiden. Andere schauen einfach gespannt aus den Fenstern. Trotzdem komme ich mir ein wenig deplaziert vor. Wieder sind Glasscheiben zwischen mir und der Natur, anders als in den letzten beiden Wochen, in denen ich ihr unmittelbar ausgesetzt war. Momentan fühle ich mich eher wie ein Museumsbesucher, den Vitrinenglas von den Exponaten trennt. Gerade als ich aufstehen will, um auf Deck zu flüchten, wird es lebhaft im Salon. Eine Reiseleiterin unterrichtet ihre Gruppe, norwegische Senioren, über den nächsten Landausflug und zählt die Extrakosten für die einzelnen Programmpunkte auf. Die alten Herrschaften lachen, zücken ihre Brieftaschen und schließen symbolische Wetten ab, wann die nächsten Zusatzausgaben fällig werden und wie hoch sie ausfallen mögen. Sie sind das Ritual offenbar gewöhnt.

Ein einschmeichelndes »Hallo, hallo« aus dem Lautsprecher kündet die neuesten Informationen an: den Menüplan für das bevorstehende Abendessen, die nächsten Landausflüge und die Temperatu-

Wo bleiben sie, die kilometerhohen Felsen?

ren in ganz Norwegen. Lofoten, Zielhafen Stamsund: 5° C – Wetter nicht gut, aber gleichmäßig.

Wo bleiben die Lofoten? Unsere Ankunft rückt näher, doch es ist nichts zu sehen von den Felswänden, die kilometerhoch aus dem Meer ragen sollen. Als ich den Salon verlasse, um auf Deck zu gehen, klatschen handtellergroße Schneeflocken gegen die Fensterscheiben. Tatsächlich, auf dem Meer wütet ein Schneesturm. Zusammen mit ein paar Unentwegten klammere ich mich draußen an die Reling. In mehrere Kleiderschichten verpackt, beobachten wir gespannt die gespenstische Szenerie, die so gar nicht zu einem 22. Mai passen will. Die Schneeflocken rieseln nicht sanft von oben herab, sondern kommen waagrecht dahergeflogen. Graue, tiefhängende Wolken verschmelzen mit der Meeresoberfläche, lassen nur schemenhaft die Umrisse von Bergen und kleinen Inseln erkennen. Ein einzelner Sonnenstrahl bahnt sich plötzlich den Weg durch das graue Einerlei und wandert über das unruhige Wasser: ein Spiel des Lichtes, das wir Zuschauer entzückt beobachten. Doch schon müssen wir uns umdrehen, so dicht und aufdringlich wird der weiße Schleier, den der Wind in unsere Gesichter wirft. Solch einen rauhen Empfang hatte ich nicht erwartet.

Unbeeindruckt von dem Sturm, verkündet die aparte Stimme aus dem Lautsprecher, daß wir in 15 Minuten in Stamsund einlaufen werden. Um die netten alten Herrschaften, die sich auf das Abendessen vorbereiten, nicht durch allzu unkonventionelles Verhalten aus der Fassung zu bringen, ziehe ich mich auf die Toilette zurück, um meine bescheidene Ausgehgarderobe mit den wetterfesten Kleidern zu tauschen. Während ich das Rad loskette, schiebt sich »Kong Olav« durch die Wolkenwand Richtung Fähranleger. Die Sichtweite beträgt weniger als 30 Meter.

Der Postdampfer legt mit der »falschen Seite« in Stamsund an. Das bedeutet, daß ich den bepackten Drahtesel quer durch das Schiff und über mehrere Stufen schleppen darf. Die Hilfsbereitschaft nimmt offensichtlich ab, je mehr Streifen die Uniformen zieren. Erst auf meine ausdrückliche Bitte packt ein Bordoffizier mit an. Generell geben sich er und seine Kollegen eher gelangweilt. Auch Schiffahren kann offenbar zum monotonen Job verkommen – für einen Hessen wie mich, der jedes Mal vor Freude tief durchatmet, wenn er das Meer sieht, ist das kaum vorstellbar.

Nur wenige Reisende verlassen mit mir das Schiff. Die Begrüßungsszenen und die Prozedur des Be- und Entladens nehme ich nur beiläufig wahr. Im Windschatten einer Werkshalle vervollständige ich mit gründlicher Sorgfalt meine Kleidung, als stände der Auftakt zu einer Expedition durch die arktische Eiswüste bevor. Ich spüre, daß meine Reise jetzt eigentlich zum zweiten Mal beginnt. Ich begebe mich in völlig fremde Gefilde; so weit nördlich war ich noch nie.

Es geht los. Die Straße durchquert Stamsund, das sich auf einen schmalen Uferstreifen zwischen Meer und Bergen krallt. Mehr von der Stadt bekomme ich nicht mit. Ganz auf das eigene Befinden und den glatten Lauf der Räder konzentriert, sehe ich die Häuser wie hinter einem Schleier. Die einzigen Menschen, die mir begegnen, sind zwei Buben, die vor mir die Straße überqueren und mich breit angrinsen. Der eine Schelm singt mir hinterher: »Jetzt ist Sommer, und jetzt ist die Zeit . . .«

Das Schneetreiben läßt nach. Glücklicherweise ist es »warm« genug, so daß der Schnee nicht liegenbleibt. Meine »Verpackung« scheint zu stimmen, so daß ich die Aufmerksamkeit allmählich auf die mich umgebende Natur verlagern kann. Hinter Stamsund macht die Straße einen Linksknick weg vom Meer und mündet in ein Tal, das auf seiner rechten Seite von einem langgezogenen Bergriesen begrenzt wird: »Justadtind, 712 Meter«, verrät mir die Karte. Steil ragen die Felsen empor, das obere Drittel schneebedeckt, die Gipfel hinter den Wolken verborgen. Das düstere Graubraun wirkt bei Kälte und Schneefall eher unheimlich, ja fast bedrohlich, zumal aus dem Tal ein kräftiger Wind bläst, gegen den ich nur mühsam ankomme. Die wenigen Autos, die unterwegs sind, bewegen sich wie behende Zwerge zwischen duldsamen Riesen. Den Talgrund bilden pfützendurchsetzte Wiesen, dann und wann von einsamen Büschen bestanden. Die offene Landschaft und der feuchte Boden stellen eine beschwerliche Suche nach einem geeigneten Übernachtungsplatz in Aussicht.

Eine Abzweigung kommt mir zu Hilfe: Schilder verweisen auf zwei Campingplätze; der eine, Storfjord, ist 2 km entfernt, der andere, Brustranda, 10 km. Unter diesen Umständen bin ich froh, mich heute nacht der Geborgenheit eines Campingplatzes anvertrauen zu können. Da ich noch ein Stück weiterfahren möchte, fällt die Entscheidung zugunsten von Brustranda. Ich wechsle die Talseite und folge der Küstenstraße unterhalb des weißen Riesen wieder aufs Meer zu.

Die Straße beschreibt einen langgezogenen Bogen um den Riesen herum, und das nächste Tal liegt vor mir. Hinten, wo es immer enger wird, mag der Campingplatz liegen. Vorher öffnet sich aber zur Linken ein Seitental, das in der Bergkette dem Blick verborgen gewesen war. Den größten Teil dieses Tals nimmt ein See ein, der bis an die Straße heranreicht. Wie ein Damm führt diese zwischen See und Meeresbucht geradeaus.

Eine ungewöhnliche Bewegung zwingt mich zum Halten. Rechts neben dem »Damm« liegt gut zwei Meter tiefer ein kleiner Tümpel, den ein natürlicher Steinwall gegen das aggressive Meer abschirmt. Im Tümpel kreiselt das Wasser, als würde eine Windhose darin wüten. Der Wind kommt jedoch aus dem Seitental. Wie schafft er es, das Wasser in dem versteckten Tümpel aufzuwirbeln?

Mir ist nicht wohl in meiner Haut. Vorsichtig steige ich aufs Rad, um mich weiterzutasten. Kaum bin ich auf dem Damm, zerrt und reißt der Wind an mir, als wolle er mich auf die Bucht hinausdrükken. Ich muß an den Radler denken, den ich bei Røros getroffen hatte und der an einer nordnorwegischen Küstenstraße in den Straßengraben geweht worden war. Ich steige ab, nehme das Fahrrad zwischen die Beine, halte Rad und Körper leicht schräg gegen den Wind und tippele sachte vorwärts. Schon bestürmt mich die nächste Fallböe aus dem Seitental. Der Wind kreischt und johlt. Hat er mich zum Opfer ausersehen? Tief über das Lenkrad gebückt bleibe ich nun stehen, wage nicht mehr, auch nur einen Fuß zu heben. Der Kontakt mit dem Boden verleiht Standfestigkeit und ein beruhigendes Gefühl. Schier endlos dauert das laute Heulen, bis es plötzlich verstummt – aber nur, um mich in Sicherheit zu wiegen und Kräfte für den nächsten Angriff zu sammeln. Keine zwanzig Schritte weiter folgt die zweite Attacke, heftiger noch als die erste. Ich umklammere trotzig mein Rad, bereit, mich im ärgsten Fall auf den Boden zu werfen, doch der Sturm ist nicht stark genug, um mich aus meiner improvisierten Abwehrstellung zu hebeln. Der Kampf zwischen Mensch und Naturgewalt setzt sich fort, bis der Damm zu Ende ist und der Sturm mich freigibt. Meine Anspannung weicht einer selbstgefälligen Zufriedenheit, instinktiv richtig reagiert zu haben, obwohl ich zum ersten Mal mit einer so gefährlichen Situation konfrontiert worden bin.

Das Örtchen Rolvsfjord besteht aus zwei Dutzend Häusern am Ende der gleichnamigen Bucht. Der Campingplatz verteilt sich um einen zehn Meter hohen, gerundeten Felshügel, direkt am Wasser. Es ist niemand zu sehen, und die Hütten sind leer. Die einzigen Zeichen menschlicher Anwesenheit bilden zwei Autos, die vor einem Wohnwagen stehen. Ein junger Mann steigt aus dem Caravan und gibt sich als der Platzeigentümer zu erkennen. Er zeigt sich überrascht, daß ich mein Zelt aufstellen will, anstatt eine Hütte zu nehmen, empfiehlt mir aber sofort einen windgeschützten Platz direkt am Felsen. Nein, bezahlen brauche ich jetzt nicht; das könne ich bei der Abreise in der nahegelegenen Tankstelle erledigen. Der Besitzer des Wohnwagens lugt aus der Tür und lädt mich auf ein Gespräch ein, sobald ich fertig wäre.

Der Schnee ist wieder dichter geworden, bleibt aber nach wie vor nicht liegen. Die Natur hat mir heute allerdings Respekt eingeflößt, so daß die Sturmabspannungen am Zelt Premiere feiern. Schließlich begebe ich mich in die Camperküche, die gemütlich mit einem Aufenthaltsraum kombiniert ist: selbstverständlich in Holz, geräumig, die Ecken, Kanten und Leisten mit Schiffstauen verziert. Dieser Campingplatz unterscheidet sich wohltuend von dem oft seelenlosen Standard, der nur auf Durchgangsverkehr getrimmt ist. Nach Essen und Dusche fühle ich mich gut und klopfe am Wohnwagen an.

Der reisende Händler Asbjørn Johnsen verkauft Autozubehör und Kinderkleidung. Er kommt aus Fauske, einer Station meiner heutigen Bahnreise, ist aber nur an den Wochenenden zu Hause. Die Woche über besucht er Kunden auf den Lofoten und Vesterålen, der nördlich gelegenen Inselgruppe. »Abends lebe ich dann in meinem Wohnwagen. Det er så koselig – das ist so gemütlich«, betont er immer wieder.

Asbjørn spricht langsam und deutlich, so daß ich ihn meist ohne Nachfrage verstehe. Es stellt sich heraus, daß mein Abenteuer mit den Fallböen nichts Ungewöhnliches auf dem Archipel ist. »Am schlimmsten pfeift es in den ersten Wintermonaten, doch hier draußen am Meer mußt du immer mit starkem Wind rechnen. Du kannst auch in einem schweren Auto sitzen. Wenn aber die Böen an ihm zerren und reißen, denkst du, jeden Moment fortzufliegen.«

»Von was leben die Menschen denn in einer so rauhen Natur?«

»Vom Fisch, wie früher. Die Ausbeute ist aber viel weniger geworden in den letzten 40 Jahren. Früher kamen die Fischer aus den anderen Landesteilen, um hier im Februar auf Kabeljaufang zu gehen. Die Zeit der großen Kabeljauschwärme ist vorbei. Die Jahre mit guten Fangquoten werden seltener. Immerhin hat es in diesem Jahr hingehauen. Die Gestelle hängen voll von Trockenfisch, und die Leute haben Geld. Meine Geschäfte laufen prima.«

»Sind in den letzten Jahren viele Menschen weggezogen?«

»Es gibt viele Stellen in Norwegen, wo alte Fischerdörfer verlassen daliegen, zum Beispiel Nyksund auf Vesterålen. 200 Menschen haben da mal gewohnt, und jetzt ist es ein Geisterdorf. Woanders haben die Betroffenen sich umstellen können. Einige sind auf die Lachszucht umgestiegen, andere haben ausgediente ›rorbuer‹ als Ferienhütten hergerichtet. In den rorbuer übernachteten die Fischer während der Saison. Sie stehen direkt am Wasser, manchmal auf Pfählen, und sind unter den Urlaubern sehr beliebt. Auf jeden Fall hat sich der Tourismus zu einer wichtigen Einnahmequelle entwikkelt. In Andenes, das liegt wieder auf Vesterålen, schippert ein ehemaliger Walfänger mit Urlaubern aufs Meer hinaus, damit sie Wale beobachten können. Das wäre auch etwas für dich; leider beginnen die Fahrten sicher nicht vor Ende Juni.«

»Eignet sich der Boden hier für die Landwirtschaft?«

»Kaum. Aber es haben sich ein paar Dienstleistungszentren herausgebildet, wo viele Menschen arbeiten und wo du fast alles kaufen kannst; in Svolvær und Leknes oder in Sortland auf Vesterålen. Wer einen ganz ausgefallenen Wunsch hat, nimmt das Schiff nach Bodø. Da kriegst du bestimmt alles.«

Das kann ich aus eigener Erfahrung bestätigen. Aus Bodø kommt auch Nordlands-Pils, ein vorzügliches Bier, das Asbjørn zusammen mit Keksen spendiert. Die Unterhaltung ist recht aufschlußreich, weniger persönlich, was auch am Altersunterschied liegen mag. Ich schätze Asbjørn auf knapp zwanzig Jahre älter als ich.

Ein großer Teil des Gesprächs beschäftigt sich mit dem Tourismus auf den Lofoten. Die Freude der Einheimischen über die Anwesenheit der Fremden ist nicht ungeteilt. Asbjørn erzählt, daß Unerfahrenheit und Ignoranz immer wieder Kopfschütteln und Ärger bei den Lofotern hervorrufen. »Da campieren junge Leute an den Stränden, vergraben ihren Müll einfach im Sand, und das Wasser spült ihn wieder aus. Andere parken ihr Auto in einer stillen Ecke und begeben sich auf eine mehrtägige Wanderung oder Kajakreise. Das Auto wird bemerkt, worauf unter Umständen eine Suche beginnt. Am besten hinterläßt man eine Nachricht unter der Windschutzscheibe, wo man unterwegs und wann wieder zurück ist.«

»Sind solche Suchaktionen nicht etwas übereilt?«

»Nein, weil jedes Jahr viele Unfälle im Gebirge passieren. Die Berge sind steil, und es gibt viel loses Gestein, mit dem vor allem die Ausländer nicht zurechtkommen. Ganz abgesehen von den raschen Wetterwechseln.«

Mit dem Wetter macht er mir keine Hoffnung. Im Mai werde sich nicht mehr viel ändern. »Aber wir haben eine uralte Wetterregel. Wenn es im Mai schlecht ist, dann wird der Juni schön.« Gute Aussichten! Im Juni will ich auf der Küstenstraße gen Süden radeln.

Kurz nach Mitternacht begebe ich mich auf den Rückweg. Es ist taghell. »Mein Sohn lebt inzwischen in Südnorwegen«, sagt Asbjørn. »Wenn er im Sommer zu Besuch ist, zieht er nachts die Jalousien runter, weil er sonst nicht schlafen kann.«

»Komm nächste Woche nach Sortland«, verabschiedet mich mein Gastgeber. »Dann kannst du auch gleich Nyksund besuchen. Das liegt weit draußen auf einer Landzunge im Meer. Im Sommer treffen sich dort Jugendliche aus allen möglichen Ländern, um die kaputten Gebäude wieder aufzubauen. Wenn du in einer Woche in Sortland auf dem Campingplatz übernachtest, sehen wir uns wieder.«

Ich bedanke mich und kehre zu meiner Fluchtburg zurück, die von einem weißen Ring umkränzt wird – Hagelkörner, die von der Zeltoberfläche herabgerieselt sind. Der Wind prüft die Sturmabspannung, hält sich hier am Felsen aber einigermaßen zurück. Die Helligkeit bereitet mir keine Schwierigkeiten. Ich bin müde.

Erst zur Mittagszeit entläßt mich der Schlaf wieder in die Wirklichkeit. Die vorletzte Nacht, als ich die Zugfahrt im Sitzen verbrachte und nicht an Erholung zu denken war, wirkt dermaßen nach, daß ich mich dafür entscheide, hierzubleiben und lediglich einen Ausflug einzulegen.

Erst einmal sondiere ich die Umgebung. Das Wetter hat sich beruhigt. Die Wolken geben den Blick auf die mit Schnee besprenkelten Gipfel frei. Diese kahlen, unbewaldeten Berge, die moosumhüllt aus dem Meer emportauchen, wirken wegen ihrer schroffen, unzugänglichen Formen fast erhaben, ganz anders als die einladen-

Justadtind, der erste der Lofoten-Riesen

den, sanften Hügel, die ich auf meiner Fahrt durch den Osten Norwegens kennengelernt habe.

Die Häuser von Rolvsfjord verteilen sich großzügig am Ende der Bucht. Die Anwesen wirken eher sachlich als wohnlich, und nur wenige der Steinhäuser sind mit Holzplanken verkleidet. Gartenzwerge und Blumenbeete in akkurat gepflegten Vorgärten würden nicht in diese Natur passen, zumal der Sommer viel kürzer als in Mitteleuropa ausfällt. Es herrscht auffällige Ruhe im Ort. Die gesellschaftliche Drehscheibe der Lofoten scheint es nicht zu sein. Den Mittelpunkt bildet der Komplex Tankstelle mit Autowerkstatt, zu dem nicht nur der Campingplatz, sondern auch ein Gemischtwarenladen und ein winziges Postamt gehören. Den anstehenden Besuch – ich brauche Lebensmittel – verschiebe ich auf den frühen Abend.

Mein Tagesausflug soll mich ein Stück weiter an der Küste entlangführen. Als ich Rolvsfjord verlasse, kommt mir ein Bagger entgegen, der auf seiner Schaufel eine junge Fichte transportiert. In einer Bergmulde, die wohl im Windschatten liegt, versteckt sich, wie ein gut behüteter Schatz, eine kleine Fichtenschonung, offenbar das Baum-Reservoir von Rolvsfjord. Nicht weit davon entfernt müht sich ein Traktor, einen schrägen, holprigen Acker umzupflügen. Die Parzelle ist so mickrig, daß sie gerade den hauseigenen Bedarf decken mag. Selbstversorger mit Traktor – eine lustig anmutende Erscheinung. Schmunzeln muß ich auch über die Schafe, die sich auf der Fahrbahn breitmachen, ohne sich um den Verkehr zu kümmern. So spärlich fließt er.

Die Straße begleitet die Bucht zum offenen Meer. Gleich in der ersten Kurve fesseln mich Bewegungen auf dem Meer: Wale. Etwa 200 Meter draußen schwimmen sie hin und her – oder sind es Felsen, die von den Wellen umspült werden? Nein. Die auf- und wieder abtauchenden Körper sind deutlich auszumachen. Ich lehne das Rad an die Leitplanke und renne ungeduldig über die Felsen bis ans Ufer, möchte am liebsten von Schäre zu Schäre springen, um so nahe wie möglich heranzukommen. Doch die Abstände sind zu weit. Soll ich zurück, um mir an der Tankstelle ein Fernglas zu besorgen? Nach der ersten Aufregung sehe ich ein, daß es besser ist, hierzubleiben. Vielleicht wären die Tiere bei meiner Rückkehr schon verschwunden. Sie bewegen sich nicht zielgerichtet, sondern tummeln sich ausgelassen vor der Küste. Es sieht aus, als spielten sie miteinander. Drei oder vier Wale mögen es sein, die in unregelmäßigen Zeitabständen an die Oberfläche zurückkehren. Jedes Mal halte ich die Luft an, bis sie wieder erscheinen. Zweimal spritzen die typischen Fontänen in die Höhe. Am faszinierendsten ist aber zu beobachten, wie die Fluken wie eine Boje die Position markieren, um flugs danach doch in das Wasser einzutauchen.

Wie lange ich da am Wasser stehe? Nur mühsam kann ich mich zur Weiterfahrt entschließen. Ein paar Kilometer später wartet der nächste Höhepunkt auf mich. Im Osten, auf der anderen Seite einer Meeresbucht, hebt sich eine Bergkette im Sonnenlicht aus dem Meer: Die Wände unten sind gerundet, auf die Ferne wirken sie fast glatt geschliffen, wahrscheinlich von Gletschern der Eiszeit. Die Spitzen jedoch sind wild gezackt, mit den letzten weißen Spuren des Winters, und darüber der erste blaue Himmel, den ich auf den

Lofoten sehe. Direkt vor mir Sandstrand und hellgrün schimmerndes, glasklares Wasser. Obwohl ich mich niederlasse, um dieses Bild ausgiebig zu genießen, finde ich keine Ruhe. Das lebendige Schauspiel der Wale überlagert alle anderen Eindrücke. Als ich auf der Rückfahrt wieder jene Stelle passiere, haben sie ihren Wasserspielplatz bereits verlassen.

Nachmittags suche ich den kleinen Kolonialwarenladen neben der Tankstelle auf. Auf wenigen Quadratmetern verteilt sich das bekannte Allerlei, wenn auch in bescheidener Auswahl. Das Obstangebot besteht aus einer Kiste Bananen, denen der lange Transport anzumerken ist. Brot entdecke ich nach längerem Suchen in der Tiefkühltruhe. Eine kleine Dose Spargel kostet umgerechnet 5,80 DM – unkonventioneller Luxus fernab von Leuchtreklamen, dumpfer Hintergrundmusik und sterilen Auslagen. Die Damen Sartorius, Penibula und Saubermann würden hier möglicherweise lieber das Weite suchen, statt sich mit dem Vorhandenen zu begnügen. Für das Abendessen wähle ich eine Tüte tiefgefrorener brauner Kugeln aus, die an Frikadellen erinern.

Asbjørn ist bereits morgens abgereist, so daß ich heute abend den Platz für mich alleine habe. Die Frikadellen entpuppen sich als vorgewürzte Fischbällchen und überraschen durch ihren herzhaften Geschmack. Kurz nachdem ich den Reißverschluß des Schlafsacks hochgezippt habe, setzt ein feiner Schneeregen ein.

Faszination am Ende der Welt

Die Lofoten setzen sich aus fünf großen und vielen kleinen Inseln zusammen. Die fünf Hauptinseln heißen von Ost nach West: Austvågøya, Gimsøya, Vestvågøya, Flakstadøya und Moskenesøya. Ich befinde mich jetzt auf Vestvågøya und beabsichtige, südwestwärts nach Å auf Moskenesøya zu fahren. Å ist der südlichste Punkt des Archipels, der über eine Straße zu erreichen ist.

Als ich morgens das Kontor der Tankstelle aufsuche, um zu bezahlen, empfängt mich der Vater des Eigentümers. Ob es mir gefallen habe auf dem Campingplatz, wohin die Reise nun gehe und warum ich so früh im Jahr auf den Lofoten unterwegs sei? Ich antworte wahrheitsgemäß, daß ich den Wechsel der Jahreszeiten erleben und das Alltagsleben kennenlernen wolle, bevor die Touristen nach Norwegen und die Norweger ins Ausland strömen. Als er erfährt, daß ich einen Bericht über die Reise schreiben möchte, bittet er mich darum, den Obolus für die Übernachtungen steckenzulassen und ihm dafür ein Exemplar zu schicken, wenn es soweit ist. Er begleitet mich vor die Tür, deutet auf das Thermometer, das die üblichen 6° C anzeigt, und kündigt zuversichtlich eine Wetterbesserung an.

Woher der nette Mann seinen Optimismus bezieht? Der Regen hält unvermindert an. Mal klatscht es vom Himmel, meistens aber nieselt es, unterbrochen von gelegentlichen Pausen, deren Dauer freilich nie am Himmel abzulesen ist. Zwangsläufig spiele ich mein ganz persönliches Lofoten-Spiel: Regenjacke an, Regenhose an, Gamaschen an, Handschuhe an, Handschuhe aus, Gamaschen aus, Regenhose aus, Regenjacke aus, Regenjacke an . . .

Es geht zurück zur Kreuzung, wo ich vorgestern nach Rolvsfjord abgezweigt bin. Ich will nicht den schnellsten Weg nach Å nehmen, sondern interessiere mich für die schmalen Nebenstraßen. Diese unauffälligen Wege mit festgefahrener Fahrbahndecke aus Erde und kleinem Gestein erschließen winzige Ortschaften am Meer. Dort hoffe ich die ursprünglichen Lofoten kennenzulernen. Der erste Abstecher von der Vestvågøya-Ringstraße führt zum Storfjord, dem großen Fjord, der auf der Karte wesentlich kleiner als seine Nachbarn aussieht.

Der Fahrweg trifft in Sennesvik auf das Meer. Zum Süden hin ist der Ort von einer hohen Bergkette begrenzt. Der Weg wendet sich nach rechts und steigt auf einen Sattel. Auf dem höchsten Punkt angekommen, traue ich meinen Augen kaum: zwei Aussichten, die eine schöner als die andere. Nach Osten das zum Meer hin abfallende Trogtal: oben das Gelb der robusten Flechten, darunter das zaghafte erste Grün der Felder, und noch weiter unten, fast am Ufer, die Häuser von Sennesvik. Der Bildaufbau mutet künstlerisch an: Die Berge rechts wie links sind der natürliche Rahmen, und Meer und Himmel bilden den bläulich-violett schimmernden Hinter-

Aussicht vom Sattel bei Sennesvik

grund, vor dem sich die Sonne vergeblich bemüht, die dichte Wolkenwand zu durchbrechen.

Überwältigender aber ist der Rundblick nach Westen: Wie im Halbkreis liegt ein weites Tal vor mir, in das von Süden her ein mächtiger Fjord hineinschneidet. Dieser Fjord endet jedoch nicht an einem gerade verlaufenden Ufer, sondern umspült eine Vielzahl von Schären und Inseln, so daß der Betrachter unmöglich erkennen kann, was noch Fjord oder schon Binnensee ist. Im Hintergrund thront eine kilometerlange Bergkette, gar nicht mal hoch, aber doch unüberwindlich scheinend. Auch hier regieren gewaltige Wolken den Himmel, und an manchen Stellen reichen graue Regenschleier bis hinunter auf den Fjord. Fast jeder Berg hat seine eigene Wolkenkonstellation. Ich beobachte von meinem Aussichtspunkt mehrere Regenschauer gleichzeitig an verschiedenen Stellen. Schweift der Blick von links nach rechts, sieht es links schon wieder anders aus, wenn er rechts angekommen ist. Jetzt müßte man ein »Fischauge« haben...

Ungern verlasse ich meinen exponierten Standplatz, an dem ein rauhes Lüftchen weht. Der Fahrweg hinunter ins Tal ist dermaßen aufgeweicht, daß sich tiefe Spurrillen gebildet haben, die jeden Spaß an der Abfahrt nehmen und das Tempo fast auf Schrittgeschwindigkeit reduzieren. Wie ein Artist muß ich die Unebenheiten ausgleichen, um nicht Bekanntschaft mit dem morastigen Boden zu machen.

Trotz des wieder einsetzenden unvermeidlichen Nieselregens hat mich die tolle Aussicht so begeistert, daß ich einen zusätzlichen Umweg beschließe: Mortsund heißt mein neues Ziel, laut Karte direkt an der Küste gelegen. Ein unnachgiebiger Gegenwind macht mir zwar jeden Meter der Stichstraße streitig, doch was sind schon vier Kilometer? Seit meiner »Königsetappe« kann ich über eine solch läppische Distanz nur noch leise lächeln.

Ein unangenehmer, aufdringlicher Geruch steigt mir in die Nase. Während ich vergeblich über seine Herkunft sinniere, offenbart sich hinter einer Kurve des Rätsels Lösung: Dort stehen meterlange Holzgestelle auf beiden Seiten der Straße. Über den Querstangen hängen Fische, ohne Köpfe und paarweise zusammengebunden. Es mögen Tausende von getrockneten Fischen sein, die da im Wind vor sich hin baumeln. Das also ist jener Stockfisch, von dem Asbjørn erzählte und der in diesem Jahr den Fischern ein stattliches Auskommen bescheren soll. Die Lofoter mögen mir verzeihen, daß ich den Gestellen nicht mehr Respekt bezeuge – aber bei diesem Geruch braucht es keine Überredung zur Weiterfahrt. Mich wundert nur, daß die allgegenwärtigen Möwen sich nicht hemmungslos an den wehrlosen Fischleibern vergreifen.

Die Straße entpuppt sich als eine reale Kurzfassung von Asbjørns Schilderungen. Wenige hundert Meter weiter kündigt ein Schild die nächste Lofoten-Spezialität an: »rorbuer«. Ein Freizeitzentrum vermietet rorbuer als Ferienhütten. Wie Asbjørn es beschrieben hatte, stehen sie auf Stelzen malerisch am Wasser. Doch die tiefrot gestrichenen Holzhütten wirken keineswegs antik romantisch, eher hochmodern und bewußt plaziert. Kein Steg, kein Kai, kein Hafen – als hätten sie niemals Fischer beherbergt, sondern seien erst im Zeitalter des Tourismus entstanden.

Mortsund dagegen scheint ein natürlich gewachsener Ort zu sein. Nun bekomme ich meinen Kai, und im kleinen Hafenbecken liegen sogar ein paar Fischkutter vertäut. Die betriebsamen Stunden sind allerdings vorbei; der heutige Fang dürfte längst in Eis verpackt sein. Eine beschauliche Ruhe geht von dieser Szene aus, zumal es hier draußen nicht einmal regnet und sogar blaue Fetzen das stete Grau am Himmel auflockern. Ein kurzes Päuschen draußen auf der Mole wäre nicht schlecht! Doch als ich den Felsen umrunde, der den Beginn der Mole verbirgt, umgibt mich augenblicklich ein so penetranter Gestank, daß der Stockfisch von vorhin dagegen wie ein erlesenes Parfum anmutet. Die Fischköpfe – nein, sie haben sie nicht ins Meer geworfen, sondern ebenfalls an Gestelle gehängt, und weil sie gar so gräßlich stinken, an dieser fernen Stelle versteckt. Die Möwen scheinen hier freien Eintritt zu haben. Überall liegen augenlose Fischköpfe auf dem Boden, teilweise von Autoreifen plattgewalzt. Nur weg auf die Mole, an die frische Luft!

Während ich die Beine baumeln lasse und Kekse knabbere, tukkert ein kleines Motorboot aus dem Hafenbecken und hält auf vier kreisrunde Käfige zu, die im Schutz von Schären im Wasser schwappen. In dem Boot sitzen zwei Männer. Der eine befestigt eine Leine an der Metallkonstruktion, die die Käfige zusammenhält, und steigt hinauf. Der zweite reicht ihm einen Sack, mit dem er bis an den Rand eines Käfigs hinaufbalanciert, um den Inhalt des Sacks ins Wasser zu schütten. Sofort kommt Leben in den Käfig: Fische springen wie entfesselt an die Oberfläche, um sich das Futter zu sichern. Der Vorgang wiederholt sich dreimal, ein Sack für jeden Käfig. So sieht also eine Lachszuchtanlage aus, und so werden die Fische gemästet. Wie viele Lachse wohl in den Käfigen eingepfercht sind? Ich fühle mich an Legehennen-Batterien erinnert und weiß nicht recht, wie ich mit dieser Beobachtung umgehen, wie ich sie bewerten soll. Ich verkürze meine Rast und breche auf. Leider muß ich mein Rad noch einmal durch die verstreuten, infernalisch stinkenden Fischköpfe steuern.

Der Wind trägt mich zurück ins »Landesinnere«. Unterwegs durchquere ich Leknes, eines jener Dienstleistungszentren, von denen Asbjørn sprach. Die Hauptstraße ist ein einziges Warenhaus, vollgestopft mit Tankstellen, Banken usw. Beton an Beton. Leknes erinnert mich mehr an Bodø, als daß es zu den Lofoten zu passen scheint, wie ich sie bisher kennengelernt habe.

Zentralisation spart Zeit und – vor allem Geld. Aber, ich kann mir nicht helfen, irgendwie paßt diese Stadt nicht zu diesem Landstrich. Oder habe ich falsche Erwartungen? Ich denke, ich muß noch etwas mehr erleben, bis ich mir ein Urteil bilden kann.

Inzwischen radle ich auf der Straße 19, die den gesamten Archipel durchquert. Für eine Hauptverkehrsroute scheint sie hinter Leknes allerdings sehr dürftig befahren zu sein, als ob die Menschen nur aus drei Himmelsrichtungen in das Städtchen kämen, um ihre Angelegenheiten zu erledigen.

Die Straße beschreibt einen großen Bogen – und mündet in einen dunklen Schlund: »Nappstraumtunnel, 1780 m« verkündet das Verkehrsschild. Ach ja, ich hatte in einer Broschüre davon gelesen, die mir Jakob auf Frosta zusteckte. Der 1990 freigegebene Tunnel hat die letzte Fähre zwischen den fünf großen Lofoten-Inseln abgelöst: zwischen Vestvågøya, auf der ich mich im Augenblick befinde, und Flakstadøya. Ein zweites Schild weist auf die deftige Maut hin, die die motorisierten Verkehrsteilnehmer für die Benutzung entrichten müssen – vielleicht ein Grund für den spärlichen Verkehr seit Leknes. Solch kostspielige Projekte werden durch Benutzungsgebühren refinanziert. Manchmal dauert es 20 Jahre und länger, bis die Auslagen wieder eingefahren sind und die Maut entfällt. Teilweise bleiben die Benutzungsgebühren auch bestehen, zum Beispiel bei Tunneln auf Paßstraßen, die im Winter aufwendig gewartet werden müssen.

Der Tunnel unter dem Fjord macht einen komfortablen Eindruck. Gleich an der Einfahrt hängt ein überdimensionaler Ventilator an der Decke, während die Wände rundum mit einem styroporähnlichen Material verkleidet sind, offensichtlich als Schutz vor Steinschlag. Für Radfahrer und Fußgänger ist ein erhöhter Seitenstreifen vorgesehen. Die Unterquerung des Fjords schaut mir eher nach einer willkommenen Abwechslung als nach einem bedrohlichen Abenteuer aus. Nur die Beleuchtung fällt für den Radfahrer etwas zu mager aus. Er kann den Belag seines Seitenstreifens nicht erkennen. Da es ziemlich rasant nach unten geht, bleibt mir nichts anderes übrig, als mit angezogenen Bremsen hinunterzufahren. Wieder wird nichts aus der genüßlichen Abfahrt. Aber ich habe keine Lust, von einem Schlagloch oder einer überstehenden Kante überrascht zu werden.

Die wenigen Autofahrer dagegen erliegen im Tunnel dem Geschwindigkeitsrausch. Oder möchten sie nur möglichst rasch wieder an die Erdoberfläche zurückkehren? Spätestens am anderen Ende müssen sie jedoch bremsen. Zwischen den beiden Fahrstreifen steht ein Holzhäuschen: die Mautstation. Ich muß meinen Geldbeutel nicht zücken, denn Radfahrer genießen freie Durchfahrt.

Auf Flakstadøya wird der Regen stärker. Bei den Füßen gibt es daher langsam Probleme, weil die Gamaschen die Schuhe nicht richtig abschirmen und das dichte Material keine Körperfeuchtigkeit nach außen läßt, so daß sich der Schweiß an den Waden staut. Aber was soll ich machen? Am besten ist, das Malheur zu ignorieren.

Die Straße durchquert die Ortschaft Napp und steigt auf einen Sattel. Bedeutet das wieder eine famose Aussicht als Belohnung für das Bergauf, als Ausgleich für den impertinenten Regen? Es ist so. Das Tal, das sich diesmal vor meinen Augen ausbreitet, ist etwas schmaler als das von Sennesvik, mißt ungefähr 300 Meter. Den größten Teil nimmt ein See ein, an dessen Rand Schafe auf mattgrünen Wiesen weiden. Ein paar knorrige Birken wachsen vereinzelt im Tal, das beidseits von sanft ansteigenden, U-förmigen Felswänden begrenzt wird. Am Horizont heben sich wildere Felsformationen ab, denen ein zweiter See vorgelagert ist.

Erstmals kann ich mich heute dem Rausch einer Abfahrt hingeben, auch wenn die Schafe zu beachten sind, die sich links, rechts und auf der Straße tummeln und sicher keine Verkehrsschule besucht haben. Kurz vor dem zweiten See bemerke ich zwei bepackte Fahrräder, die an den Unterstand einer Bushaltestelle gelehnt sind. Im Wartehäuschen sitzt ein Pärchen, das wohl auf ein Nachlassen des Regens wartet. Shelley Cartledge und Leigh Hemmings kommen aus Australien und radeln, wie ich, in der dritten Woche durch Norwegen. Über Kristiansand, ganz im Süden, sind sie auf gerader Strecke in den Norden gefahren und haben einige Etappen dabei mit dem Zug überbrückt. Ihr großes Ziel waren die Lofoten, die sie aus Bildbänden kennen. Bisher meist mit Sonnenschein gesegnet, müssen sie sich erst an diese regnerischen Bedingungen gewöhnen. Das Wetter bestimmt selbst unsere Unterhaltung, die sich weniger um Landschaftseindrücke als um die Ausrüstung dreht. Auch bei den Australiern sind die Füße die anfälligsten Stellen. »Wet shoes and dry shoes«, lautet ihre Lösung.

Shelley und Leigh wollen ebenfalls nach Å. Also fahren wir ein Stück zusammen, ohne uns aneinander zu binden. Zunächst müssen wir den zweiten See umrunden, der in Wirklichkeit ein Fjord ist und einen weiten Blick auf das Meer freigibt. Die Straße führt zwischen Küste und Bergen entlang, bis wir in Ramberg eintreffen, dem nächsten Dorf. Mittlerweile neigt sich der Tag seinem Ende entgegen. Der örtliche Campingplatz liegt mitten zwischen Wohnhäusern und sagt uns nicht zu. Die beiden Australier treffen aber an der Rezeption einen Einheimischen, der ihnen eine rorbu vermietet. Womit sich unsere Wege bereits wieder trennen, denn obwohl ich in dieser kahlen, wassergetränkten Vegetation kaum ein hübsches Plätzchen finden werde, ziehe ich das Zelt unverändert einer festen Unterkunft vor. Auf Wiedersehen in Å!

Die Suche geht weiter. In der nächsten Siedlung, Fredvang, soll es ebenfalls einen Campingplatz geben. Fredvang liegt auf Moskenesøya, der letzten der fünf großen Lofoten-Inseln. Die beiden Brükken, die die Meerenge überwinden, haben 1989 die alteingesessene Fähre überflüssig gemacht, wie mir meine schlaue Karte verrät. Nur den Standort des Campingplatzes weiß sie nicht. Eine halbe Stunde fahre ich vergeblich die Wege des weit auseinandergezogenen Dorfes ab und fühle langsam Ärger in mir aufsteigen. Erst schickt mich ein Schild an der 19 über die Brücken, und dann fehlt jeder weitere Hinweis.

Ich fahre in die Ortsmitte, um mich durchzufragen. Die Ortsmitte besteht aus einem betonierten Parkplatz, den sich Geschäfte, eine Telefonzelle und der alte Fährkai teilen. Gleichzeitig scheint er der Treffpunkt der Jugend zu sein. Eine Gruppe Kinder stürzt auf mich zu, fragt nach dem üblichen Woher und Wohin. Einige der Kids haben Deutsch als Schulfach, doch zu einer Plauderei in meiner

Muttersprache reicht es nicht aus. Trotzdem tut mir die Unterhaltung mit der wild durcheinander plappernden Meute gut und drängt den Ärger in den Hintergrund. Diese Kinder haben etwas Frisches, Natürliches an sich, sie sind neugierig und für jeden Spaß zu haben. Gegenseitig korrigieren wir die Mängel unserer Aussprache: »Frankfuut (falsch), Frankfurrt (besser)« – »Lufuuten (falsch, Heiterkeit), Luffuten (besser, Applaus)« – »Ofanbach (falsch), Offennbach, Offenbach (begabt).«

Ich erfahre, daß in Fredvang fast den ganzen Tag über die Sonne geschienen hat – beinahe unglaublich nach dem Erlebten. Den Weg zum Campingplatz erklären mir die Kinder auch. Ein Junge begleitet mich sogar ein Stück auf seinem Fahrrad und deutet auf einen schmalen Schotterweg, an dem ich nichtsahnend vorbeigeradelt war. Als wir uns verabschieden, äußert er die Vermutung, daß der Campingplatz geschlossen sein könnte.

Ich muß es trotzdem probieren. Der Schotterweg gabelt sich, nebenan ein Wohnhaus. Ein Mann werkelt in seiner Garage. Ich halte an, um ihn nach dem richtigen Weg zu fragen. Doch er dreht sich um und zieht es vor, den Fremdling zu ignorieren. Verblüfft steige ich wieder auf. Vielleicht der Bruder des Schweigers von Sømådal?

Der Campingplatz ist tatsächlich geschlossen. Eine Leine verhängt die Zufahrt. Es ist spät; ich bin müde und verspüre keine Lust, noch weiter zu suchen. Rechts neben dem Platz liegt eine kleine Kapelle samt Friedhof, dahinter eine weite Wiese und daneben, an beide angrenzend, ein Dünengebiet. Die Würfel sind gefallen. Ich baue mein Zelt so in den Dünen auf, daß es vom Weg aus nicht zu sehen ist.

Nach einer halben Stunde, ich liege bereits im Schlafsack, höre ich Motorgeräusche. Ich spähe aus dem Zelt und beobachte ein rotes Auto, das kreuz und quer über die angrenzende Wiese fährt. Die Vermutung drängt sich geradezu auf, daß der ungehobelte Heimwerker am Steuer sitzt und kontrolliert, ob der Fremde es wagt, auf seinem Grundstück zu zelten. Von der Wiese aus müßte er das Zelt eigentlich sehen. Ich bin gereizt, denke mir eine gepfefferte Ansprache aus, bekomme aber keinen Besuch. Um mich zu beruhigen, spule ich noch einmal die Ereignisse des vergangenen Tages ab: die Aussicht vom Bergsattel, die Gestelle mit den Fischleibern, die Lachszuchtanlage, der Tunnel, die Australier, die munteren Kinder. Ich habe viel kennengelernt, möglicherweise zu viel, um es jetzt noch zu ordnen und zu verarbeiten.

Die Morgenstund beschert einen herben Geschmack im Mund. Es ist unverändert kalt, die Regenklamotten sind im Zelt nicht getrocknet, und ich habe schlecht geschlafen. Die Stimmung verschlechtert sich rapide. Nach einem heißen Solbærtoddy, einem Instantgetränk, das nach Schwarzer Johannisbeere schmeckt, sieht die Welt schon ein bißchen freundlicher aus. Ich verpacke das nasse Außenzelt in eine Plastiktüte, um das Innenzelt so trocken wie möglich zu halten, und breche ohne weiteres Frühstück auf.

Tatsächlich, vor dem Haus mit der Garagen-Werkstatt steht jenes rote Auto. Ich sende einen derben Fluch zum Wohnhaus. Sicher steht »er« jetzt hinter den Gardinen.

In Fredvang treffe ich zwei der Kinder wieder. Ich habe in dem kleinen Ort eine Bäckerei entdeckt und frage die beiden, ob sie das Geschäft empfehlen können. Der eine leckt sich genüßlich mit der Zunge über die Oberlippe – eindeutiger konnte die Antwort nicht ausfallen. Gemeinsam stürmen wir den winzigen Verkaufsraum und versorgen uns mit bunten Leckereien. Gefüllte Plunderstückchen haben Hochkonjunktur.

Dann heißt es aber Abschiednehmen. Ich kaufe Lebensmittel für das anbrechende Wochenende ein, schwinge mich aufs Rad und kehre über die beiden Brücken auf die Straße 19 zurück. Es gibt keine direkte Verbindung zwischen Fredvang und Å, die beide auf Moskenesøya liegen. Eine schwarze, unwirtliche Bergwand, die vollständig in Nebel und Wolken gehüllt ist, bildet eine natürliche Mauer. Die Schneegrenze verläuft hier niedriger als an den anderen Hängen; allein der Anblick läßt mich frösteln. Die Kinder hatten von Pfaden erzählt, die auf die Berge führen, doch bei dieser Witterung ist nicht an einen Wandertrip zu denken. Das Klettern über glitschiges Gestein wäre ohne Mitstreiter bodenloser Leichtsinn, zumal mir das Streckenprofil nicht vertraut ist.

Der Selfjord bei Fredvang: Die Wolken heben sich

Nachdem es den ganzen Morgen genieselt hat, macht der Himmel Anstalten, sich zu bessern. Die ersten Sonnenstrahlen brechen hervor. Doch wie um zu beweisen, daß er sich nichts vorschreiben läßt, sendet Troll-Petrus noch einen gehässigen Sprühregen nach unten. Dann aber ist Frieden, und die Wolken beginnen sich großflächig zu heben. Der nächste Rastplatz ist mein, und ich hole das versäumte Frühstück nach. Jetzt, wo der Himmel sich aufheitert und die vielen neuen Eindrücke sich setzen, finde ich allmählich Ruhe und Gelassenheit wieder. Ich schaue auf den Selfjord, der Flakstadøya und Moskenesøya voneinander trennt und nun spiegelblank vor mir liegt. Diese beruhigende Stille nimmt mich gefangen, wieder einmal. Das ist einer der Momente, in denen ich glücklich darüber bin, diese Reise angetreten zu haben und mich der Natur ausliefern zu können, obwohl sie es mir nicht immer leicht macht. Die ständigen Wetterwechsel sind für einen wie mich, der sonst im monotonen Klimakessel des Rhein-Main-Gebiets lebt, zwar eine faszinierende, aber zugegeben auch anstrengende Erfahrung.

Die Brücke »Kåkern bru« spannt sich an der engsten Stelle zwischen beiden Inseln über den Selfjord. Der 19 bleiben an der Ostküste von Moskenesøya nur wenige Meter zwischen dem Meer und den steil emporragenden Felswänden. Diese sind in den unteren Bereichen so glatt geschliffen, daß die Trolle sie als Rutschbahnen benutzen, wenn sie hinabsteigen, um die Menschen zu necken. Danach ziehen sie sich schnell wieder in die rauhe Bergwelt mit ihren verwinkelten Schluchten zurück, dort oben, wo sie kein Mensch aufzuspüren vermag. Habe ich bei Tag geträumt...

Ich stoße aber auch auf Hinterlassenschaften von Menschen. Unterhalb der Straße stehen vier runde Bottiche. Schläuche, die von Bergen heruntergeleitet werden, scheinen sie mit Wasser zu speisen. Lachszucht an Land? Die Neugier siegt, und ich ignoriere das verblichene Verbotsschild, das ohnehin halb vom Gebüsch überwuchert ist. Die Bottiche sind ungefähr zwei Meter hoch und oben mit engmaschigen Metallgittern versehen. Ich stelle mich auf die Zehenspitzen und luge über die Kante. Tatsächlich, Leib an Leib verharren die Lachse regungslos in ihrem Gefängnis, dem natürlichen Lebensraum entrissen. Ich bin nur ein Laie auf dem Gebiet der Fischzucht. Doch mich beschleicht ein ungutes Gefühl über diese Art der Tierhaltung.

Die Sonne regiert über Moskenesøya. Die Wolken lichten sich von Minute zu Minute und können sich nur noch über den Gipfeln halten. Die Insel ist mit Sicherheit die wildeste und für mich deshalb die schönste im Archipel. Ein Panorama herrlicher als das andere, und ich begebe mich auf Fotosafari. Der Startschuß dafür fällt in Hamnøy, dem ersten Dorf seit Kåkern bru: Den Hintergrund für das erste Bild gibt ein schwarzer Riese ab, dessen Gipfel ein wenig an den »Zuckerhut« erinnert, zumindest aus meiner Perspektive. Davor verteilen sich weiß und rot gestrichene Häuser eng um das Ufer, jeden Meter nutzend, den die karge Natur den Menschen gelassen hat. Einige der Häuser stehen auf Holzplateaus. Diese stützen sich auf Pfähle, die im Wasser verschwinden. Ein Dutzend Kutter ankert in der kleinen Bucht, ohne jedes Leben an Bord. Keine Welle schwappt gegen die Kähne, das Meer hält absolut still, als stünde ich vor einer Modell-Landschaft, vor einer maritimen Puppenstube.

Gefängnisse an Land: Bottiche für die Lachszucht

Gleich hinter der folgenden Kurve erwartet mich das genaue Gegenteil: Auf beiden Seiten der Straße brüten Möwen an den steilen Felswänden, ohne sich vom Verkehr stören zu lassen. Aufgeregtes Flügelschlagen und lautes, zorniges Geschrei aus Tausenden von Vogelkehlen, Positionskämpfe und Eierdiebstahl bestimmen das hektische Treiben. Guano klebt an den Felsen und auf der Straße. Nichts wie durch.

Über einige Bogenbrücken führt die 19 in einen größeren Ort, der sich übergangslos an Hamnøy anschließt. Überall dasselbe Bild: Nur mit Mühe und viel Dynamit haben die Menschen Platz für ihre Häuser schaffen können. Ich erkenne die Ortschaft wieder: Das ist Reine, jenes pittoreske Fischerdorf, das in fast jedem Norwegen-Bildband einen sicheren Platz behauptet – nur zu verständlich, wenn man die Berge betrachtet, die Reine umgeben. Sie detailliert beschreiben zu wollen, würde bedeuten, die Wirklichkeit auf eine traurige Schablone zu reduzieren. Zu verschieden sind die glatt gehobelten Felswände, Zinnen und Sättel – nein, den Eindruck

Hamnøy

könnte nur ein Gemälde vermitteln oder eine Fotografie mit entsprechendem Objektiv.

Eine solche Fotografie von Reine hängt bei mir zu Hause über dem Bett. Ein ehemaliger Arbeitskollege hat sie mir zum Abschied geschenkt, zusammen mit einem lustigen Brief. Den Text trage ich bei mir, gewissermaßen als Talisman in Buchstaben.

Stundenlang genieße ich den Blick, bevor ich die restlichen Kilometer über Moskenes nach Å in Angriff nehme. Auch hier zwängen sich die Häuser auf dem schmalen Streifen zwischen Fels und Meer. Den einsamen Zeltplatz, den ich mir insgeheim gewünscht hatte, kann ich getrost abschreiben. Die attraktive Lage am Ende der Hauptverkehrsroute 19 hat Å eine Vielzahl an Unterkünften beschert, die um die zahlreichen Urlauber werben. Selbst eine Jugendherberge steht mitten im Dorf. Der Campingplatz liegt am südlichen Ende der Siedlung. Während sich die Wohnmobile einen engen Schotterplatz ohne Aussicht teilen müssen, liegt der Zeltplatz privilegiert auf einem grasbewachsenen, welligen Felsplateau.

Reine, um 4 Uhr morgens

Die Buckelwiese ist dermaßen feucht, daß ich lange suchen muß, bis ich den geeigneten Untergrund gefunden habe. Platz gibt es genug, denn ich bin mal wieder der einzige, der im Zelt zu schlafen gedenkt. Von den Campinghütten, die über das Plateau verteilt stehen, sind heute abend drei belegt.

Die Aussicht reicht nach Norden auf einen großen Teil des Archipels, nach Süden auf die Vogelinseln Værøy und Røst und nach Osten sogar auf das Festland. Zentimeterhoch heben sich weiße Gipfel am gesamten Horizont ab.

Zur Südspitze von Moskenesøya führt auf dem Festland kein Weg mehr. Das schroffe Terrain bewältigen nur Bergsteiger oder geübte Wanderer. Ich fühle mich, als sei ich am Ende der Welt angekommen.

Als ich abends im warmen Schlafsack liege, beginnt es wieder zu nieseln. Außerdem scheint Wind aufzukommen. Längst auf den Schlaf des Gerechten eingestellt, überwinde ich mich widerwillig, steige noch einmal hinaus und überprüfe die Sturmabspannungen.

So gut es geht, verankere ich zusätzliche Heringe in dem felsigen Boden.

In der Nacht bricht der Sturm los. Der Wind zerrt und reißt am Zelt, als wolle er es unbedingt aufs Meer hinaustragen. Unten klatschen die Wellen mit voller Wucht gegen die Felsen – Wind und Brandung spielen die Sinfonie der Naturgewalten. Beunruhigt krieche ich hinaus, doch die Sturmabspannungen machen einen stabilen Eindruck. Zufrieden lege ich mich wieder in den Schlafsack und finde jetzt sogar Spaß an dem vergeblichen Bemühen des Windes – glücklicherweise wird diese Überheblichkeit nicht bestraft.

Am nächsten Morgen ist der Spuk vorbei. Am Himmel kleben wieder dunkle Wolken, Nebelschwaden verdecken die Berge hinter mir. Doch gegen Mittag wiederholt sich der Vorgang von gestern. Die ersten Sonnenstrahlen finden den Weg durch die Wolkendecke, die sich langsam, aber unaufhaltsam lichtet. Mein Entschluß steht fest – ich bleibe hier am Ende der Welt. Die Versuchung ist groß, sich träge von der Sonne verwöhnen zu lassen. Aber dafür bleibt vorerst keine Zeit. Denn endlich ergibt sich die Möglichkeit, Zelt und Schlafsack zu lüften, die feuchte Bekleidung zu trocknen, Klamotten zu waschen und das Fahrrad zu überprüfen. Die Natur bestimmt meinen Tagesablauf.

Ich hatte zuletzt Schwierigkeiten, auf den vorderen kleinen Zahnkranz umzuschalten, und versuche, den Schaltzug dementsprechend neu einzustellen. Und obwohl ich immer wieder die Bremsbacken reguliert hatte, sind sie ungleich abgefahren. Kette, Brems- und Schaltzüge werden geölt, und zu guter Letzt ziehe ich noch die Speichen nach, um den ersten Bruch so weit wie möglich hinauszuschieben. Dann verlasse ich mein Plateau zu einer kurzen Probefahrt.

Unten am Kiosk, in dem die Rezeption des Campingplatzes untergebracht ist, herrscht Volksfeststimmung. Auf dem Vorplatz sammeln sich Jogger und Schaulustige mit lautem Hallo. Man kennt sich. Die Freizeitläufer trudeln nach und nach ein. Auf einem Transparent steht in großen Lettern »Lofot-Marsj«, auf deutsch Lofoten-Marsch.

Das gute Wetter hebt die Fröhlichkeit. Kinder wie Erwachsene belagern den Kiosk, um sich ein Stangeneis zu sichern. Gute Idee. Als ich endlich an der Reihe bin, frage ich nach dem Anlaß des Treffens. »Der Lofoten-Marsch ist eine Art Volkslauf«, erklärt der Verkäufer. »Solche Märsche gibt es überall in Norwegen, teilweise mehrmals im Jahr. Daß aber das Laufen nicht das Wichtigste ist, siehst du selbst.«

Es macht Spaß, das lustige Beisammensein zu beobachten, doch auf einen solchen Menschenauflauf bin ich nicht eingestellt. Nach wenigen Anstandsminuten ziehe ich mich auf mein stilles Plateau zurück. Hier oben kommen nur selten Ausflügler vorbei. Einmal mehr höre ich von ihnen die ungläubige Frage, ob es nicht zu kalt sei, um im Zelt zu übernachten. Und ich dachte, die Norweger seien ein Volk von Naturburschen!

Auch zwei bekannte Gesichter kommen zu Besuch: Shelley und Leigh sind ebenfalls gestern in Å eingetroffen und haben in der Jugendherberge Quartier bezogen. »Die Plätze haben wir schon vor Wochen bestellt, weil hier ständig so viel los ist«, erklärt Shelley.

Leigh erzählt, daß sie heute eine gebrochene Speiche auswechseln mußten. Auf meine Frage, auf welcher Seite die Speiche gebrochen sei, wiederholt er vielsagend: »On which side!« Natürlich, die Zahnkranzseite. Wenn schon Bruch, dann ein komplizierter.

»Wir fahren morgen mit dem Schiff nach Værøy«, nimmt Shelley das Wort, »da gibt es auch eine Jugendherberge, in der wir ein Zimmer gebucht haben. Die Insel soll um diese Jahreszeit voll brütender Vögel sein.«

Ich passe. Der Vogelfelsen zwischen Hamnøy und Reine hat meinen Bedarf an ornithologischen Erlebnissen gedeckt. Værøy ist kein Ziel, das mich reizt.

Leigh fragt, ob ich Lust hätte, Australien zu besuchen. Ich versuche mich diplomatisch mit einem »vielleicht« aus der Affäre zu ziehen, gebe dann aber zu, daß ich Neuseeland zunächst vorziehen würde. Erfreulicherweise reagieren weder Shelley noch Leigh gekränkt.

Sonst entwickelt sich das Gespräch eher zäh, was meinen bescheidenen Schulenglischresten zu verdanken ist. Ständig vermische ich englische und norwegische Ausdrücke und suche sekundenlang nach der korrekten Übersetzung. Daß mir das furchtbar peinlich ist, macht die Unterhaltung nicht flüssiger. Leigh steht mir bei: »Schau, wir sprechen nur eine Sprache: Englisch!«

Wir rekapitulieren noch einmal unsere bisherigen Stationen und vollziehen den obligatorischen Adressentausch, bevor die beiden in ihr Quartier zurückkehren.

Am späten Nachmittag ist keine Wolke mehr zu sehen. Flächendeckend strahlendes Blau. Während ich den Blick schweifen lasse, kann ich mir gar nicht vorstellen, daß es je wieder anders werden könnte. Ich schreibe Tagebuch, lasse meine Gedanken treiben, fühle mich prima.

Die Mitternachtssonne – ich hatte sie total vergessen, weil zum Sonnenschein bekanntlich halbwegs klarer Himmel gehört. Erst als sich der Horizont auf der Festlandseite violett färbt, fällt sie mir wieder ein. Als aber die Zeit auf Mitternacht zuschreitet, folgt eine herbe Enttäuschung: Die Gipfel von Moskenesøya verdecken die Sonne, so daß mir das sehnsüchtig erwartete Naturschauspiel auch heute versagt bleiben wird und ich mich mit dem violetten Streifen am Horizont begnügen muß.

Das Fenster der kleinen Camperküche zeigt auf das Festland hinaus. Während ich eine heiße Blaubeersuppe schlürfe, kommt mir der Gedanke, zusammenzupacken und in der hellen Nacht den Rückzug anzutreten. Wer weiß schon, wie lange das tolle Wetter anhält: ein, zwei Tage? Wenn ich heute nacht losfahre, erlebe ich die Lofoten bei anderem Licht und besserem Wetter.

Zwei Stunden wälze ich mich hellwach in meinem Schlafsack hin und her und kann mich nicht entscheiden. Blendender Einfall oder fixe Idee? Wird der Körper die erzwungene Umstellung seines Rhythmus verkraften? Sei nicht so zögerlich! Die Gedanken kreisen ständig um dieselben Fragen und lassen mich nicht einschlafen. Schließlich siegt der Entdeckergeist. Ich zippe die Reißverschlüsse auf.

Aber das darf doch nicht wahr sein: Von Süden her kehren die dunklen Wolken zurück! In Windeseile packe ich meinen Kram, obwohl ich weiß, daß der Wettlauf gegen die Wolken nicht zu gewinnen sein wird. Andererseits ist an Schlaf ohnehin nicht mehr zu denken. Ich will jetzt diese stillen Stunden so gut wie möglich ausnützen.

Um halb vier beginnt die Rückfahrt zum anderen Ende der Lofoten. Eine eigenartige Stimmung herrscht in den Straßen von Å, Moskenes und Reine. Die Straßen sind menschenleer, aber nicht ohne Leben. Die Möwen haben das Regiment übernommen. Sie sitzen auf Dachrinnen, Schornsteinen, in Vorgärten und auf der Fahrbahn. Erst im letzten Moment fliegen sie zur Seite, als wollten sie meinen Mut testen, ihnen die Asphaltdecke streitig zu machen. Am Straßenrand liegen schwarze Plastiksäcke: der Müll, der auf die Abholung wartet. Die Möwen nutzen die Gelegenheit und hacken mit ihren Schnäbeln die unbewachten Säcke auf, um die Reste von Lebensmitteln herauszuziehen. Ihre kreischenden Stimmen zerschneiden die Morgenstille – Warnrufe und Triumphgeschrei. Obwohl keine Gefahr von ihnen ausgeht, fühle ich mich ein bißchen an Hitchcocks »Vögel« erinnert.

Der Wind, der die Wolken zurückgetrieben hat, trägt auch mich flott voran. Haben die Trolle ein Einsehen?

Von den zwei Seelen der Norweger

Ein kleiner Leckerbissen bleibt mir noch vergönnt, bevor der große Regen hereinbricht. Zwischen Ramberg und Napp schiebe ich einen Abstecher zum kleinen Fischerdorf Nusfjord ein. Denise hatte mir den Besuch empfohlen und ein verschwiegenes, abgelegenes Fleckchen an der Küste versprochen.

Vor Nusfjord mache ich eine überraschende Entdeckung: In einer Schlucht verbirgt sich eine Lachszuchtfarm. Mehr als 60 Bottiche stehen fein säuberlich aneinander aufgereiht, eine Fabrikhalle gleich daneben. Die Wasseroberfläche in den Bottichen ist ohne Bewegung. Die ganze Anlage wirkt steril, professionell, anders als die vier Kübel an der Küste von Moskenesøya. Meine Gefühle sind noch zwiespältiger als damals.

Nusfjord dagegen erfüllt die nostalgischen Erwartungen des Lofoten-Reisenden. Das Dorf zwängt sich in die Schlucht, die hier, kurz vor dem Meer, immer enger wird. Wie lange mag die Sonne im Winter wohl über den Felskanten stehen? Ähnlich wie in Hamnøy oder Å kauern sich die Häuser geduckt in die unwirtliche Landschaft. Jeder Meter ebene Erde mußte dem Gestein durch Sprengung abgetrotzt werden.

Der hölzerne, halbkreisförmige Kai schmiegt sich in eine winzige Bucht. Hinter den hölzernen Fischerhütten, die die typisch rotbraune Farbe tragen, verteilen sich die markanten Holzgestelle, an denen der Trockenfisch baumelt. Dahinter ragen flechtenbewachsene Felsen in die Höhe.

Es müssen stoische, unbeugsame Menschen gewesen sein, die sich die Idee in den Kopf setzten, hier zu siedeln. Die Nähe zu den Fischgründen und die schmale, aber geschützt liegende Bucht dürften ausschlaggebend gewesen sein. Wer zur Melancholie neigt, sollte den Winter keinesfalls in Nusfjord verbringen.

Aber der Sommer wird ihn aufheitern. Touristen werden Unterkünfte angeboten, nicht die rorbuer am Kai, sondern andere mitten im Dorf. Ganz abseitige Plätzchen gibt es nicht. Alles dreht sich um den Fisch. Das Einlaufen und Entladen der Kutter habe ich trotz der frühen Tageszeit verpaßt. Doch während ich am Kai stehe, schiebt sich hupend ein riesiger Lkw durch die verschlungenen Gassen. Die eisbepackten Kisten mit Frischfisch werden mit einem Gabelstapler aus der Lagerhalle geholt und aufgeladen. Nach wenigen Minuten setzt sich der Lkw wieder in Bewegung.

Die Lagerhalle gehört zum größten Gebäude vor Ort. Bevor es moderne Fischfabriken gab, bearbeiteten die Einwohner Nusfjords ihren Fisch hier selbst für den Transport. Der Komplex wirkt etwas heruntergekommen. In einem Seitentrakt befinden sich neben den Büroräumen das Postkontor und der lokale Lebensmittelladen, ähnlich zentral wie in Rolvsfjord.

Ein alter, bärtiger Mann kommt den Kai entlanggelaufen und grüßt verhalten zurück. Auch die Arbeiter, die den Boden der Lagerhalle mit Wasser abspritzen, zeigen kein gesteigertes Interesse an dem Fremden. Das Leben geht seinen ruhigen Gang, und ich bin

Die Schaffamilie sucht Schutz vor dem großen Regen

sein Beobachter, kein Beteiligter. Ich komme mir deplaziert vor, müßte einige Tage hierbleiben, um diesen besonderen Fleck richtig kennenzulernen. Doch bei diesem rauhen Wetter möchte ich nicht in der engen Schlucht bleiben, sondern mir einen offenen Platz suchen.

Auf der Rückfahrt zur 19 setzt der erwartete Regen ein – der Auftakt zur bisher anstrengendsten Prüfung dieser Reise, nicht für den Körper, aber für das Gemüt: Tagelang hat mich der Regen im Griff, nur von wenigen kurzen Pausen abgesehen. Nach einem trotzigen Versuch verschiebe ich alle weiteren Küsten-Abstecher auf den nächsten Lofoten-Urlaub. Was bringt der schönste weiße Sandstrand, wenn jeder Ausflug ins Freie nur neue Feuchtigkeit und weiße Körner ins Zelt trägt? Die Gamaschen versagen, die Schuhe sind durchnäßt, die Regenkleidung ebenfalls. Als ich es nicht mehr verantworten kann, das Zelt auf- und abzubauen – das Innenzelt soll halbwegs trocken bleiben –, hänge ich 40 Stunden auf einem Campingplatz fest, wo ein Bremer Paar unerfreuliche Szenen einer Ehe aufführt. Selbst die Fußball-Übertragung, die im ungeheizten Aufenthaltsraum über den Bildschirm läuft, kann meine Laune nicht heben. Immer wieder studiere ich die mitgebrachten Karten und Notizen, als könnte ich einen Punkt darauf ausfindig machen, wo mir das Wetter nichts anhaben kann. Nur die Sturheit läßt mich auf diesen Inseln aushalten. Ich passiere Svolvær, die Hauptstadt der Lofoten, wo Personenfähren Richtung Festland ablegen. Nein, nichts da, ich warte auf Wetterbesserung. Durchhalten! Das Land versinkt im Regen.

Vier Tage nach meiner Abfahrt in Å weile ich in Sortland, der Hauptstadt von Vesterålen. Gestern habe ich die Fähre von Fiskebøl nach Melbu genommen, die die beiden Archipele miteinander verbindet.

Ich lege heute einen Ruhetag auf dem örtlichen Campingplatz ein, weil es hier einen warmen Trockenraum gibt – ein Luxus, den meine Klamotten bitter nötig haben. Morgen fahre ich zu jenem Geisterdorf Nyksund, egal welches Wetter mich erwartet. Neugierig gemacht haben mich die Faltblätter, die mir die Eigentümer des Platzes in die Hand drückten und die die angeblichen Sehenswürdigkeiten auf Vesterålen preisen. Außerdem hatte Asbjørn schon von der verlassenen Siedlung erzählt. Der reisende Händler ist der zweite Grund, warum ich einen Tag in Sortland dranhänge. Er wird mit seinem Wohnwagen heute nachmittag eintrudeln. Wir hatten uns zufällig bei Svolvær getroffen, wobei er mich erneut einlud.

Zuerst aber sehe ich mir die Stadt an. In Sortland-City bestimmen einfallslose, betonierte Häuservierecke das Bild. Die Architekten würden ihre Schöpfungen sicher als »funktional« oder »modern« bezeichnen. Wie können die nur in eine solch herrliche Landschaft diese Klötze stellen? Das Aussehen der Supermärkte ähnelt sich von »Rimi« bis »Rema«, wie zwei der Warenhaus-

Ketten bedeutsam heißen. Im Erdgeschoß befindet sich die Abteilung mit Lebensmitteln und kleinen Haushaltswaren, während im Obergeschoß die größeren Utensilien für Haus und Garten zu erstehen sind.

Mein Interesse gilt jedoch dem Geschäft, das Zubehör für Motorrad- und Fahrradfahrer feilbietet. Der Verkäufer hört sich mein Wehklagen über die Gamaschen an, nickt und zeigt mir ein Paar schwarze Kunststoffhüllen, die über den Schuh gezogen werden und an der Wade von der Regenhose abgedeckt werden können. Genau das, was ich brauche, nur Größe 5 ist ein wenig zu klein.

»Prima. Ich hätte die gerne in Größe 9 bis 10.«

»Tut mir leid, wir haben nur das eine Paar.«

C'est la vie.

Abends besuche ich Asbjørn Johnsen, der mich mit vertrauter Gastfreundschaft bewirtet. Ich muß etwas loswerden und erzähle von den häßlichen Großbauten in Sortland und Leknes, von den Lachszuchtfarmen, von den engen Bottichen und den prallen Futtersäcken.

Er erklärt: »Ich verstehe, was du meinst. Aber ich glaube, ausländische Touristen haben manchmal zu romantische Vorstellungen von diesem Land. Sie kommen her, sehen die tollen Fjorde, die Berge, die Wälder, die Seen, und dann erwarten sie wahrscheinlich, daß die Menschen hier ihre Wiesen mit der Sense mähen und mit winzigen Kuttern auf dem Meer kreuzen, weil das so prächtig zur Landschaft paßt. Vor 30 Jahren, da lebten die Norweger noch hauptsächlich von Landwirtschaft, Fischfang und nur wenig Industrie. Norwegen war damals kein reiches Land wie heute.«

»Du meinst die Ölbranche?«

»Akkurat. Erst mit dem Öl aus der Nordsee ist das Geld ins Land gekommen. Und das Öl hat viel in Norwegen verändert. Die Löhne in der Ölbranche waren von Anfang an viel höher als in anderen Berufen. Das ist noch heute so. Gleichzeitig sind aber auch die Preise gestiegen, und der Lebensstandard.

Die Küstenfischer bekommen seit langem hohe Subventionen, nicht nur weil der Fisch immer weniger wird, sondern auch weil das

Fischen in so kleinen Mengen kaum noch konkurrenzfähig ist. Was bleibt den Leuten übrig? Der erste arbeitet bei einer großen Fangflotte und ist Monate von zu Hause weg. Der zweite gibt auf, zieht in die Stadt und nimmt eine andere Arbeit an. Der dritte steigt auf Lachszucht um, und der vierte baut nebenbei rorbuer für Touristen, fährt mit ihnen zum Angeln aufs Meer oder zeigt ihnen Wale.

Egal, was die Leute machen, das Leben hat sich geändert, und sie müssen sich anpassen. Sie müssen hohe Preise bezahlen, für alles. Trotzdem wollen sie Auto fahren, fernsehen, ein größeres Haus bauen und in Urlaub fahren, wie die Deutschen auch. Keiner möchte mehr nur bei Kerzenlicht sitzen oder im Sturm zum Toilettenhäuschen gehen.

Wenn also einer meint, mit Lachszucht mehr verdienen zu können und damit über die Runden zu kommen, wird er es machen, selbst wenn Umweltschützer oder andere dagegen sind.«

Der kleine Vortrag trifft den Punkt, keine Frage. Aber Asbjørn ist noch lange nicht fertig.

»Jetzt zu den großen Märkten. Das hat sehr spät bei uns angefangen, vor fünf, sechs Jahren ungefähr. Seitdem sind viele kleine Läden kaputtgegangen. Du warst ja schon öfter hier, da wirst du bemerkt haben, daß es kaum noch kleine Bäckereien gibt. Die großen Märkte verkaufen das Brot im Sonderangebot, für 7,90 Kronen zum Beispiel. Im kleinen Laden mußt du 15 oder 18 Kronen bezahlen. Viele der Kleinen überleben nur, weil sie einen Großen beliefern. Der verkauft unter Preis und lockt damit die Kundschaft.

Wenn du die Leute fragst, sind die meisten gegen die Großmärkte. Aber am nächsten Tag treffen sie sich genau dort zum Einkaufen. Bei den hohen Preisen, die sie für alles zahlen müssen, ist das auch verständlich.«

Er zählt die Preise für Lebensmittel und Gebrauchsgüter auf und fragt mich, was man in Deutschland dafür bezahlen muß. Das Spiel kenne ich von Jakob, dem Campingwart auf Frosta.

Mein heutiger Gastgeber kehrt zum Ausgangspunkt zurück: »Wenn ein Norweger jetzt sein Haus inmitten einer tollen Landschaft aufgibt, weil er in der Gegend keinen Beruf mehr ausüben kann, wenn er Lachszucht betreibt, weil er keine Alternative hat, wenn er in den Großmarkt einkaufen geht, weil die Preise niedriger sind, heißt das aber noch lange nicht, daß er nichts für die Natur übrig hat.

Im Gegenteil! In Norwegen besitzt jeder dritte Haushalt ein Ferienhaus, sagt die Statistik. Die meisten von denen, die in die Stadt gezogen sind, halten ihr altes Wohnhaus instand und nutzen es als Ferienhaus. Oder sie bauen sich eine Hütte am See oder im Gebirge. Wenn du am Freitagnachmittag in eine der großen Städte im Süden fährst, nach Oslo oder Drammen zum Beispiel, kommt dir ein Auto nach dem anderen entgegen. Die Leute fahren in ihr Wochenendhaus, um dort abzuschalten, um zu angeln, zu wandern, mit dem Boot über den See zu fahren oder an einem Orientierungslauf teilzunehmen. Im Winter läuft die Nation Ski. Übrigens, die Leute, die gerne in der Natur sind, heißen auf norwegisch ›friluftmennesker‹.«

Für friluftmennesker gibt es keine elegante Übersetzung. »Freiluftmenschen« klingt eher albern, »Naturburschen« ist schon besser, aber zu sehr auf Männer bezogen.

Mich interessiert mehr etwas anderes: »Das eine oder andere, was du beschrieben hast, habe ich selbst schon erlebt, zum Beispiel die Autoschlangen am Freitagnachmittag oder so einen Treff von Orientierungsläufern. Da standen Dutzende von Autos, obwohl es stark geregnet hat.

Was mich aber wundert, ist, warum so viele hier oben überrascht sind, daß ich bei diesem Wetter im Zelt übernachte und keine Hütte nehmen will. »Gibt es auf den Lofoten und Vesterålen keine friluftmennesker?«

»Doch, selbstverständlich. Für mich ist es nichts Besonderes, daß du draußen schläfst; ich wohne ja auch im Wohnwagen. Es ist halt ungewöhnlich für diese frühe Jahreszeit. Im Juli und im August wimmelt es hier oben von Touristen. Doch darüber solltest du dich nicht ärgern. Dafür hast du jetzt die Natur fast für dich allein.«

»Aber du hast verstanden, was ich vorhin meinte? Viele spielen die Woche über das ganz normale Spiel, weil sie keine Wahl haben.

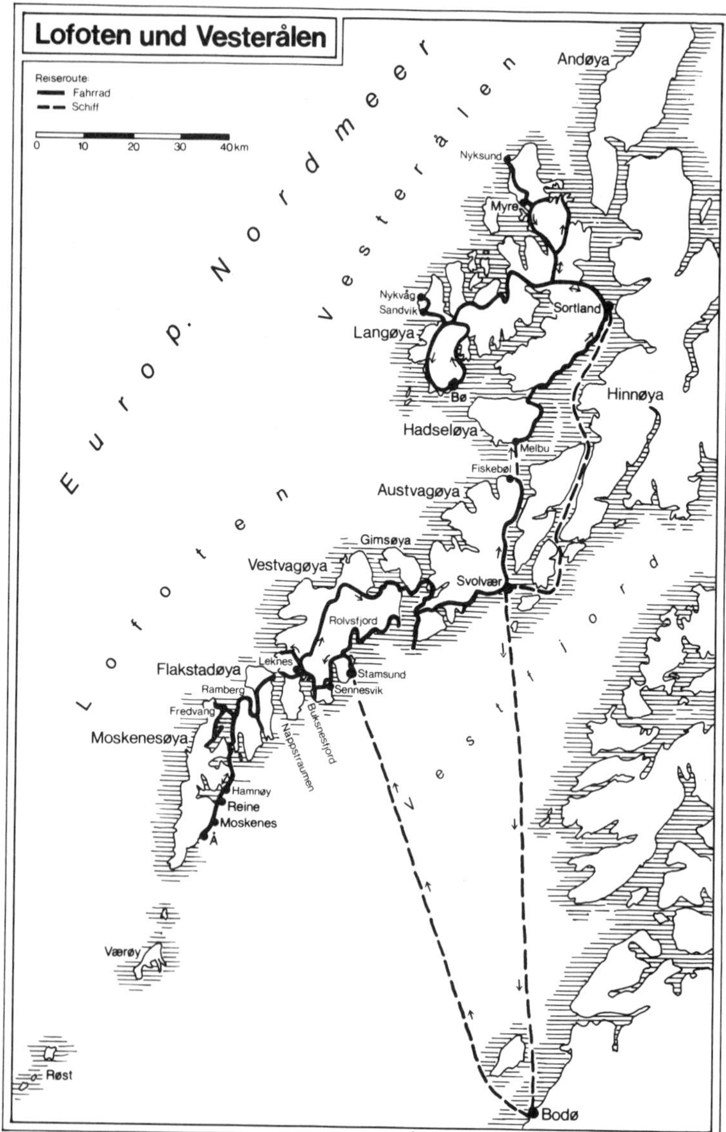
Lofoten und Vesterålen
Reiseroute:
Fahrrad
Schiff
0
10
20
30
40 km
Europ. Nordmeer
Vesterålen
Lofoten
Vestfjord
Andøya
Nyksund
Myre
Nykvåg
Sandvik
Sortland
Langøya
Bø
Hinnøya
Hadseløya
Melbu
Fiskebøl
Austvagøya
Gimsøya
Vestvagøya
Svolvær
Rolvsfjord
Leknes
Flakstadøya
Stamsund
Sennesvik
Ramberg
Fredvang
Buksnesfjord
Nappstraumen
Moskenesøya
Hamnøy
Reine
Moskenes
Å
Værøy
Røst
Bodø

Am Wochenende schalten sie ab und fliehen in die Natur. Wie soll ich es ausdrücken? Vielleicht tragen die meisten Norweger zwei Seelen mit sich herum.«

Das Thema ist abgehakt, seine Argumente waren überzeugend und nachvollziehbar. Nun fehlt uns ein Anschlußthema, und die Unterhaltung verläuft zusehends schleppender. In stillem Einverständnis beenden wir die Runde, indem wir gegenseitig auf den anstrengenden Tag hinweisen, der vor uns liegt. Zum Abschied gibt mir Asbjørn seine Visitenkarte und bittet mich, ihn anzurufen, sollte ich wieder einmal in der Gegend sein. Das werde ich gerne tun, denn dann haben wir uns bestimmt viel Neues zu erzählen.

Das Geisterdorf

Morgens bekomme ich unerwarteten Besuch. »I am reporter of the local newspaper«, weckt mich eine drängende Stimme, während an der Zeltwand gerüttelt wird. Überrascht zippe ich die Reißverschlüsse auf.

Vor dem Zelt kniet ein junger Mann in Jeansanzug und Mokassins, was gar nicht zu dem aufgeweichten Boden und dem steten Nieselregen paßt. Er erklärt hastig, daß er einen Artikel über mich schreiben wolle. Das übliche gehetzte Auftreten eines Journalisten der Tagespresse hat er bestens drauf.

Während ich mich anziehe, wartet er in seinem Auto, kommt aber sofort wieder angelaufen, als ich mein Zelt verlasse. Er zückt die Kamera, und ich posiere samt Fahrrad vor dem Objektiv, immer noch nicht ahnend, welchem Umstand ich die Ehre verdanke. Zum Interview bittet er mich in sein Auto. Er hüpft vor mir über den morastigen Boden, um seine Garderobe nicht zu beschmutzen. Solch hektische Bewegungen habe ich schon lange nicht mehr gesehen.

Also, er will eine Kurzreportage für die Tageszeitung »Vesterålen« schreiben und fragt nach dem Woher und Wohin. Ich antworte wahrheitsgemäß, daß ich Nyksund besuchen und eine zusätzliche kleine Schleife auf Vesterålen drehen möchte, sofern es das Wetter zuläßt. Er macht sich eifrig Notizen.

Ich wiederhole abgewandelt meine Frage von gestern abend: »Ist ein Fahrradwanderer auf Vesterålen solch eine Besonderheit, daß er für die Presse interessant ist?«

Und bekomme dieselbe Antwort: »Normalerweise nicht, aber so früh im Jahr und dann bei diesem Wetter im Zelt, das ist schon selten.«

Die Standard-Verwunderung über den Sonderling im Zelt! Ich wiederhole mein Sprüchlein vom Wechsel der Jahreszeiten und vom Blick in das Alltagsleben. Um meine Vorbereitungen zu dokumentieren und einen geistreichen Eindruck zu hinterlassen, setze ich noch einen drauf: »Laut Statistik ist es sonst 10 °C wärmer um diese Jahreszeit, und in den letzten beiden Jahren hattet ihr im Mai gutes Wetter, nicht wahr?«

Das gibt er zu. Aber langsam hege ich die Befürchtung, als willkommenes Opfer für die Witzeseite ausgewählt worden zu sein. Daß ich mit meinem schlauen Hinweis auf die Statistik ungewollt dazu beigetragen habe, kann ich jetzt noch nicht ahnen.

Der Troll-Petrus scheint mit dem Ausflug nach Nyksund einverstanden. Der Himmel weist vielversprechende helle Stellen auf, so daß ich bloß mit Schauern statt Dauerregen rechnen darf. Vor der Abfahrt erkundige ich mich beim Campingwart, ob ich ihm den Besuch des Reporters zu verdanken habe. Sein »Nein« klingt eher aufgesetzt als überzeugend. Er ist einer der wenigen seiner Zunft, die ihren Campingplatz als Hauptberuf betreiben, und kann Publicity sicher gut gebrauchen.

Die Landschaft Vesterålens ist lieblicher, runder als die der Lofoten. Die auch hier zackigen Gebirgszüge wechseln mit weiten, ebenen Flächen ab, die sogar landwirtschaftlich genutzt werden können, wenn auch in bescheidenem Maß. Sowohl Siedlungen als auch Nutzflächen befinden sich durchweg im Windschatten der Berge. Die Wartehäuschen an den Bushaltestellen sind gegen die vorherrschende Windrichtung aufgestellt – mit dem kuriosen Ergebnis, daß die Häuschen in einer Richtung nicht vom Busfahrer einzusehen sind. Wer auf den Bus wartet, muß durch ein Guckloch in der Betonwand schielen und rechtzeitig aus dem Unterstand treten.

Die Insel, auf der ich unterwegs bin, heißt Langøya, wie die Hauptstadt. Nyksund liegt am nordwestlichen Zipfel dieser langgestreckten Insel. Zuerst radle ich nach Westen, dann nach Norden. Meine Wetterprognose von heute morgen bestätigt sich, doch die Schauer sind zu ertragen, weil sie häufig durch sonnige Abschnitte unterbrochen werden. Als der geschützte Weg am Ostufer einen Bogen beschreibt und auf das Meer zuhält, wird es spürbar kälter. Den Hagelschauer, der plötzlich auf mich niedergeht und vor dem ich mich in eins dieser Wartehäuschen retten kann, halte ich für eine kurzweilige Laune des Troll-Petrus. Ich ahnungsloser Engel.

Die Straße hält auf einen bizarr geformten Berg zu, dessen Gipfel sich wie eine Pyramide zuspitzt. An seinen Osthang schmiegt sich schutzsuchend die Ortschaft Myre, laut Karte die größte Siedlung im Norden der Insel. Nördlich von Myre zweigt eine unbefestigte Schlaglochpiste nach Nyksund ab, die über einen Sattel ans offene Meer führt. Draußen auf der See tanzen Sonnenstrahlen über das Wasser, drohen aber jeden Moment von den schwarzen Wolken verschlungen zu werden. Und ich? Ich halte mitten in einer sonnigen, geradezu warmen Oase. An einem Abhang voll Heidegestrüpp lacht mich eine einsame Holzbank an. Ich nehme die Einladung mit Freuden an – und nicke ein.

Ein kühles Lüftchen fährt mir über das Gesicht und weckt mich, keine Minute zu früh! Der Himmel verfinstert sich mit bedrohlicher Schnelligkeit. Im buchstäblich letzten Moment schlüpfe ich in die Regenkleidung und fahre los. Aber es fällt kein Regen, sondern Schnee. Schnee am 1. Juni! Und das am offenen Meer! Nicht zu fassen!

Noch 11 Kilometer bis Nyksund. Das werbewirksame Faltblatt tituliert den folgenden Streckenabschnitt als »Alpenstraße«. Die Wirklichkeit sieht etwas bescheidener aus, obwohl eine Passage direkt an einer steilen Bergwand entlangführt und der Fahrbahnrand zum Meer hin teilweise weggebrochen ist. Unten klatscht die Brandung gierig an den Fels und fordert weitere Opfer an Straßen-

Auf dem Weg nach Nyksund: private Fischräucherei am Ufer des Lifjord

Lichtspiel entlang der »Alpenstraße«

kies. Genau auf diesem Teilstück kommt mir ein Auto entgegen. Der Fahrer hält mitten in einer der gelbbraunen Pfützen und kurbelt das Seitenfenster herunter. Im Fond des Wagens schlummert seine kleine Tochter im Kindersitz.

Nachdem ich meine Routine-Zusammenfassung aufgesagt habe, frage ich ihn nach Nyksund.

»Es ist ganz toll dort, auch wenn die meisten Gebäude verfallen sind. Aber seit einigen Jahren kommen jeden Sommer Jugendgruppen aus ganz Europa, die den Ort wieder aufbauen. Street children! Aber das sind ganz nette junge Leute, die arbeiten selbst samstags und sonntags. Leider ist das Geld knapp. Die Gemeinde müßte eigentlich mehr bezahlen.«

»Gibt es da einen Platz, wo ich übernachten kann?«

»Ja, kein Problem. Nyksund war jahrelang verlassen, aber jetzt wohnen da wieder zwei, drei Familien. Die sind alle sehr nett und werden dir bestimmt ein Haus zeigen, in dem du übernachten kannst.«

Ich bedanke mich für den Tip, und jeder fährt seines Weges. Also scheint Nyksund kein richtiges Geisterdorf zu sein; ich lasse mich überraschen. Der Schneeschauer geht zu Ende. Die Straße sinkt auf wenige Meter über Meereshöhe, passiert einige verlassene Höfe und eine Lachszuchtfarm. Dann taucht Nyksund auf. Die Gebäude stehen auf zwei sich gegenüberliegenden Felsinseln, von der nördlichen der beiden gegen Wind und Meer abgeschirmt.

Die Mole, die vom »Festland« hinüberführt, ist mit einem Gatter versehen, das sich jedoch öffnen läßt. Ein Schild bittet darum, Fahrzeuge an dieser Stelle abzustellen und den Weg über die beschädigte Mole zu Fuß anzutreten. Artig komme ich der Aufforderung nach.

Die ersten Gebäude kommen ins Blickfeld. Auf der anderen Seite liegt ein doppelstöckiger Kai, der fabrikähnliche Hallen trägt, oder sollte ich besser sagen: trug? Die Dächer sind teilweise eingestürzt und haben die Hallen nach unten gedrückt, die vermodernden Holzpfähle des Kais sind unter der Last eingebrochen. Das matte Grün, Gelb und Rot der wracken Gebäude blättert ab. Der Verfall ist nicht mehr aufzuhalten.

Die ersten Häuser auf meiner, der nördlichen, Seite sehen dagegen recht passabel aus. Das Anwesen oben am Hang ist sogar umzäunt, ein Schild verbietet Fremden den Zutritt. Darauf folgen offenstehende Schuppen; durch die Löcher, die abgebrochene oder fehlende Planken hinterlassen haben, pfeift der Wind. Und dann werde ich empfangen: »Hei. Velkommen til Nyksund – Hallo. Willkommen in Nyksund«, ruft mir ein neckisch grinsender Troll von einem Plakat entgegen.

Eine andere Tafel erklärt das Miteinander von verfallenen und erhaltenen Gebäuden: »Hier baut die Nyksund-Stiftung, ein deutsch-dänisch-norwegisches Projekt.«

Ich schleiche weiter. Bisher habe ich kein Geräusch vernommen, das auf Menschen schließen ließe. Während sich ein dunkler, feuchter Fels zur Rechten steil in die Höhe zieht, öffnet sich zum Hafen ein langgestreckter Platz, auf dem mehrere restaurierte Häuser ihre frischen Farben zur Schau tragen. Ein locker gespanntes Volleyball-Netz nimmt der Stille von ihrem Ernst. Es ist der erste sichtbare Hinweis auf die Jugendlichen, von denen der Autofahrer vorhin sprach. Aber niemand läßt sich blicken.

Die rot und grün gestrichenen Gebäude sind zu groß für Wohnhäuser. Sie wurden früher wohl auch als Fabriken genutzt. Türschilder machen mit der Küche, dem Gästehaus, dem Büro, dem Künstlerhaus und einem »drømmehus« (Haus zum Träumen) bekannt. Durch ein Fenster spähe ich in den Speisesaal, der einen modernen, aber aufgeräumten und ungenutzten Eindruck vermittelt. Die Saison steht erst bevor. Neben dem Bürohaus entdecke ich einen Kombiwagen mit deutschem Kennzeichen. Soviel ist jetzt sicher: Ein gruseliges Geisterdorf ist Nyksund nicht.

Aus dem ersten Stock des Bürohauses klingen Stimmen. Ich klopfe an – keine Reaktion. Zweiter Versuch, diesmal lauter – nichts. Ich öffne die Tür, rufe vergebens die Treppe hinauf. Also steige ich die steilen Stufen nach oben, nachdem ich meine Schuhe ausgezogen habe, wie es ein handgeschriebener Zettel höflich, aber bestimmt wünscht.

Oben platze ich in eine fröhliche Runde, die sich auf deutsch unterhält – eine germanische Kolonie an Norwegens einsamstem Küstenstrich? Bei meiner Ankunft erheben sich drei der Teilnehmer, um sich zu verabschieden. Die beiden verbliebenen Männer, jünger als ich, sehen mich abwartend, aber freundlich an.

Ich sage meinen Standardtext auf und frage, ob und wo ich hier übernachten könne. Gleichzeitig würde ich gerne Näheres über Nyksund erfahren.

Meine Ansprechpartner heißen Arne und Bernd. Arne, der vortrefflich deutsch spricht, leistet seinen Zivildienst in Nyksund ab. Bernd, der Fahrer des Kombis, ist halb zufällig vorbeigekommen und wohnt seit einigen Tagen im Gästehaus.

»Du kannst entweder im Gästehaus schlafen oder dein Zelt irgendwo aufstellen«, zählt Arne die Alternativen auf. »Wenn du lieber im Zelt schlafen willst, fragen wir am besten Viggo nach einem Platz. Viggo ist der Wachtmeister und wohnt fest in Nyksund.«

Zum Thema Nyksund hat Arne einen verführerisch klingenden Vorschlag parat: »In einer Stunde wollen wir zusammen zu Abend essen. Du kannst mitessen, und danach können wir uns unterhalten. Jetzt habe ich keine Lust dazu. Es gehört hier zu meinen Aufgaben, die Besucher über das Projekt zu informieren. Du kannst dir vorstellen: immer dieselben Fragen. Hier hast du vorläufig mal eine Broschüre über die Stiftung. Jetzt suchen wir aber Viggo.«

Der Wachtmeister kommt uns auf dem Fahrweg entgegen. Nach dem Titel hätte ich einen Pensionär in steifer Uniform erwartet. Doch jetzt steht mir ein gleichaltriger, hochaufgeschossener Mann mit Siebentagebart und Ohrring gegenüber. Er hört sich Arnes Zusammenfassung gelassen an und beschreibt mir den Weg, wie ich zu einem günstigen Zeltplatz komme. Gegen meine Teilnahme am Abendessen hat er nichts einzuwenden. Der Mann strahlt eine ungekünstelte Souveränität aus, so daß ich das gemeinsame Essen mit Spannung erwarte.

Vorher zeigt mir Bernd noch seine Unterkunft im Gästehaus, eine solide, holzverkleidete Inneneinrichtung im klassischen Jugendherbergsstil. Ich finde Bernd sehr nett, doch muß ich an mein Gutulia-Syndrom denken und bin unsicher, ob ich jetzt drinnen oder draußen übernachten soll.

Der angewiesene Zeltplatz befindet sich auf den Fundamenten der alten Schule des Dorfes, von der ansonsten nichts übriggeblieben ist. Daneben steht ein Haus, bei dem die Pflanzen auf den Fensterbänken darauf hinweisen, daß es bewohnt ist. Viggo meinte, die Besitzer kämen meist an den verlängerten Wochenenden, seien heute aber nicht mehr zu erwarten. Es ist schon Samstag abend. Als ich aber von dem lauschigen Plätzchen aus auf die Bucht hinausblicke, die zwischen Nyksund und dem »Festland« liegt, weiß ich, daß ich das Zelt aufbauen werde. Minutenlang versuche ich die Heringe zu verankern. Die dünne Grasnarbe, die den steinigen Boden bedeckt, bietet keinen verläßlichen Halt, so daß ich die Abspannleinen und Heringsschlaufen mit herumliegenden Steinbrocken beschweren muß. Hoffentlich bleibt der Wind zahm.

Gegessen wird bei Viggo Larsen. Im kleinen Vorraum stehen alle möglichen Schuhe. Der Brauch, die Straßenschuhe nicht in der

Wohnung anzubehalten, gilt auch für die Gäste. Wir sind zu fünft. Außer Viggo, Arne, Bernd und mir ist da noch Christiane, eine deutsche Studentin, die bei Viggo wohnt.

Auf dem Speiseplan stehen gedünstete Dorschzungen, Pellkartoffeln, Karottensalat und rømme. Die warme Fleischwurst, die das Festmahl ergänzt, ist wahrscheinlich eine Vorsichtsmaßnahme. Es sollen alle satt werden, auch nachdem ich die Runde vergrößert habe. Dazu gibt es eine Karaffe mit frischem Wasser. Die Dorschzungen sind eine wahre Delikatesse, und ich nehme mir vor, den Witz von der norwegischen Kantine in der skandinavischen Wirtschaftsunion heute nicht zum besten zu geben.

Arne, der nach Viggo als zweiter mit dem Essen fertig ist, bedankt sich beim Gastgeber: »Takk for maten – Danke für das Essen.« Bernd und ich folgen gelehrig seinem Beispiel.

Die Wohnung unterscheidet sich nicht merklich von dem, was mir aus der Heimat vertraut ist – abgesehen von dem großen Panoramafenster, das auf die Bucht zeigt. Für Nippsachen, die mir schon häufig auf norwegischen Fensterbänken aufgefallen sind, scheinen Viggo und Christiane weniger Sinn zu haben.

Während Bernd eine Flasche Ouzo aus dem Geheimfach kredenzt, sprechen wir über Nyksund. Ich habe mir eine Menge Fragen zurechtgelegt, vorbereitet durch die Broschüre. 1948, als die Fische besonders reichlich ins Netz gingen, lebten mehr als 200 Menschen in Nyksund, das in der Folgezeit an das Elektrizitätswerk angeschlossen wurde und ein eigenes Wasserwerk bekam. Als die Fischschwärme aber immer häufiger ausblieben, begann die Abwanderung. Außerdem war das natürliche Hafenbecken für die neuzeitlichen Trawler zu klein geworden, so daß die Fischverarbeitung in den Hallen am Südkai eingestellt werden mußte. 1977 verließ der letzte Bewohner Nyksund. Es war der alte Schmied. Nachdem er drei Jahre allein ausgeharrt hatte, zog auch er nach Myre.

»Einige versuchten es noch mit Nerztierhaltung, aber auch dieses Geschäft rentierte sich nicht«, erzählte Viggo.

»Und wer hat mit dem Neuaufbau begonnen?«

»Quabs«, sagte Christiane.

Quabs? Mein Gesichtsausdruck ist Frage genug.

»Quabs ist die Abkürzung für ›Qualifizierungsverein der Berliner Sozialpädagogen‹. Irgendein deutscher Student hat das Dorf entdeckt. Dann gab es Verhandlungen zwischen Quabs und der Gemeinde Øksnes. 1984 begann der Wiederaufbau.«

»Und woher kam das Geld?«

»Uni-Gelder, Zuschüsse, Spenden, Eigenmittel.«

»Gab es denn keine Probleme mit den Hausbesitzern?«

»Natürlich haben manche geglaubt, die nehmen Drogen oder besaufen sich«, sagt Arne.

»Aber das Verhältnis ist heute eher positiv«, ergänzt Viggo. »Die Leute haben gesehen, daß sie nichts befürchten müssen. Die Regelung ist jetzt so: Eine Gruppe übernimmt die Patenschaft für ein Haus, das sie während der Sommermonate Jahr für Jahr Schritt für Schritt renoviert.«

»Was sind das für Gruppen? Schwererziehbare?«

»Alles mögliche. Drüben steht ein Haus, das das Kinderheim der Arbeiterwohlfahrt Lübeck übernommen hat«, sagt Arne. »Auch den Umweltschutzverein Nordlicht hatten wir hier. Alles mögliche, wie gesagt.«

»Warum ist das Haus da ganz vorne eigentlich eingezäunt?«

»Da wohnt ein älteres Ehepaar, das zurückgekommen ist. Viele Touristen streifen durch den Ort, wollen die alten Häuser sehen und trampeln überall herum, ob es Privatgrund ist oder nicht«, sagt Viggo. »Ich bin schon einmal nach Hause gekommen, und da liefen fremde Menschen durch das Haus, um es zu besichtigen. Deswegen haben die alten Leute den Zaun setzen lassen.«

»Wohnen denn noch mehr Leute das ganze Jahr über hier?«

»Nein, aber einige verbringen das Wochenende in ihren alten Häusern.«

Mir fällt der Autofahrer auf der »Alpenstraße« ein: »Habt ihr viel direkte Unterstützung von ganz normalen Bürgern aus der Gemeinde?«

»Wenig. Die ganze Situation ist schwierig. Øksnes ist keine reiche Gemeinde. Das Problem ist, an Sponsoren heranzukommen und eine neue Organisation zu finden, durch die die Gemeinde mehr einbezogen wird. Die ganzen Arbeiten sind teuer. Die Fenster haben damals 100 000 DM gekostet.«

»Wer bezahlt denn Viggo?«

»Viggo hat eine ABM-Stelle. Von Beruf ist er eigentlich Gärtner. Es gibt einen Projektleiter und zwei weitere Leute, die das ganze Jahr über hier arbeiten, aber woanders wohnen. Das geht alles über ABM-Stellen«, erklärt Arne. »Außerdem sind wir zwei Zivildienstleistende hier. Ich kümmere mich hauptsächlich um den Schriftverkehr der Stiftung.«

»Und wie bist du hier gelandet?« frage ich Viggo.

»Ich bin ein echter Nyksunder. Das hier ist mein Elternhaus«, antwortet er schmunzelnd.

Christiane greift sich eine Gitarre und beginnt sanft zu spielen. Ich werde unsicher. Das Projekt ist ausgesprochen interessant, aber meine Fragen hören sich womöglich wie ein Kreuzverhör an.

Trotzdem komme ich noch einmal auf die Broschüre zurück: »Hier steht, ihr veranstaltet Unterricht, Handwerksschulen, Workcamps zum Schreinern, Malen usw. Laut Plan fangen die Workcamps im Juni an. Wann kommen denn die ersten?«

»Die Arbeiten drehen sich nicht nur um die alten Häuser«, klärt mich Arne auf. »Am Hang stehen eine Solardusche und ein Treibhaus, das biodynamisch betrieben werden soll. Das sind Projekte, die mit unseren Zielen übereinstimmen.«

»Ja, aber wie läuft das Programm ab?« unterbreche ich ihn.

»Es gibt da keine festen Richtlinien. Für die Übernachtung und das Essen werden 100 NOK berechnet. Die Leute melden sich, zeigen Interesse, und dann müssen wir improvisieren. Wenn eine Gruppe ihren Lehrer mitbringt, um so besser. Wir können keinen festen Terminplan anbieten, weil finanziell alles in der Schwebe hängt. Und dann kommt noch Streit zwischen den Stiftungsmitgliedern hinzu. Quabs hat sich zum Beispiel fast zurückgezogen.«

Endlich fällt bei mir der Groschen. Ich war die ganze Zeit davon ausgegangen, daß die Stiftung eine feste Institution und die Zukunft prinzipiell abgesichert ist. In Wirklichkeit leben die Leute beim Wiederaufbau Nyksunds von der Hand in den Mund, und alle, die hier wohnen und arbeiten, müssen sich mit den Verhältnissen

Die Solardusche von Nyksund

arrangieren. Christiane, die noch als Studentin in Deutschland eingeschrieben ist, lebt hier, weil sie sich wohl fühlt. Sie braucht keinen Zeitplan, keinen Konsum, keine sogenannte gesicherte Existenz. Es ist mir peinlich, daß ich so hartnäckig nach Richtlinien geforscht habe, anstatt danach zu fragen, was und warum sie es tun. Und ich dachte, ich hätte auf dieser Reise bereits gelernt, die Dinge zu nehmen, wie sie sind! Von der Gelassenheit, die von Christiane oder Viggo ausgeht, bin ich noch meilenweit entfernt.

Den Rest des Abends plaudern wir munter drauflos, ohne selbstauferlegte Informationsziele. Bernd und ich erzählen von unseren Erlebnissen, und der Ouzo findet neue Freunde in Nyksund.

Um Mitternacht kommt Bernd zu meinem Zelt. Der rötliche Schimmer am Himmel erinnert mich nach langer Zeit mal wieder an die scheue Mitternachtssonne. Gemeinsam wandern wir auf den höchsten Punkt der Felseninsel, doch die Sonne verbirgt sich hinter einem geschlossenen Wolkenband. Stumm schauen wir aufs Meer hinaus, bis Bernd die Stille unterbricht: »Es ist schon faszinierend, wenn man bedenkt, daß das Meer in dieser Richtung bis nach Grönland reicht.«

Es ist wirklich faszinierend.

Der Presseheld

Wie so oft übernimmt das Wetter die Entscheidung, ob ich weiterfahren soll oder nicht. Den ganzen Tag scheint über Nyksund die Sonne, während sich auf dem »Festland« schwarze und graue Wolken austoben. Die Abfahrt wird also auf morgen vertagt. Leider weht ein frostiger Wind, der jeden Gedanken an Shorts und T-Shirt der Lächerlichkeit preisgibt. Und was steht auf dem Alternativprogramm?

Arne, Bernd und ich unternehmen eine kleine Wanderung auf einen benachbarten Hügel. Zielsicher sprintet Arne vorneweg, während ich ständig auf den Boden schielen muß, um nicht in eine der überwucherten Erdspalten zu treten. Oben erwartet uns ein kleines Wunder der Natur: In einer Mulde ducken sich Zwergbirken, jeden windgeschützten Zentimeter Höhe ausnutzend, den ihnen die rauhe, unwirtliche Natur zugesteht.

Nachmittags inspiziere ich die verfallenen Gebäude, die teilweise verschlossen oder zugenagelt sind. Eine Mole verbindet Nord- und Südkai. Die dortigen Hallen gleichen tatsächlich einem Trümmerfeld. Die Holzbohlen sind längst nicht mehr trittsicher, und wann die nächste Decke einstürzt, entscheidet allein die Windstärke. Dem Südkai bleibt nur noch der Abriß.

In den restaurierten Gebäuden am Nordkai lebten einst die Saisonarbeiter. Gerade weil hier viele Menschen beherbergt und versorgt werden konnten, waren sie mit zuerst instand gesetzt worden. Der doppelstöckige Kai wartet allerdings noch auf seine Ausbesserung.

Vereinzelt klappern die Türen von vergitterten Tierställen im Wind. Schrott und vermoderter Touristenmüll markieren die Überreste menschlicher Anwesenheit. Eine Treppenstufe zur Solardusche ist eingebrochen. Es ist kein romantisches Spiel, es ist ein harter Kampf, hier draußen zu leben und mit der Natur um jede Kleinigkeit zu ringen. Vorher aber müssen diese Leute den Kampf gegen sich selbst gewonnen haben und bereit sein, auf viele Bequemlichkeiten zu verzichten. Ich weiß nicht, wie es in Viggo und Christiane aussieht, aber ich bewundere sie.

Wie ginge es wohl mir nach einem Jahr Leben in Nyksund, davon drei dunkle Monate mit jaulendem Wind, Schnee und Kälte, jeder Gang ins Freie eine Herausforderung für sich? Was wäre mir nach solch einem Jahr noch wichtig? Angesichts dieser Umgebung erscheinen mir die vielen Erfahrungen meiner Reise, obwohl jede einzelne kostbar ist, momentan in einem bescheidenen Licht.

Der letzte Blick auf Nyksund hat nicht viel Zeit, in mir nachzuwirken. Denn die »Alpenstraße« begrüßt mich mit dicken Regentropfen. Asbjørns alte Wetterregel, daß einem schlechten Mai ein um so besserer Juni folgt, bewahrheitet sich vorerst nicht. Regen und Kälte erweisen sich als meine nicht abzuschüttelnden Reisebegleiter. Fest davon überzeugt, so etwas nicht verdient zu haben, fluche ich barsche Ausdrücke in den Wind und lasse der bitteren Wut über so viel Ungerechtigkeit freien Lauf. Ich spiele mit dem Gedanken, den kürzesten Weg nach Sortland einzuschlagen und morgen früh das Schnellboot nach Bodø zu nehmen. Aber eigentlich wollte ich ja noch den Südwesten von Langøya umrunden . . .

In Myre, wo ich die leere Lebensmittel-Packtasche fülle, wird der einsame Radler im Regen gleich dreimal angesprochen. Obwohl ich immer dieselbe Geschichte zu erzählen habe, tun mir die belanglosen Unterhaltungen gut. Sie muntern mich auf. Ein junger Mann fragt, ob ich praktizierender Christ sei. Auf meinen verständnislosen Blick erwidert er, die Christen seien es doch, die den Kontakt zur Natur predigen. Vermutlich fehlt mir da ein landestypischer Hintergrund, um ihn zu begreifen; vielleicht versteht er unter einem »Christen« etwas anderes als ich. Den Hinweis, daß (mein) Atheismus und Naturverbundenheit überhaupt keinen Gegensatz darstellten, nimmt er widerspruchslos hin.

Die Laune bessert sich durch diese Gespräche, und der Zorn weicht dem Trotz. Nein, ich werde jetzt nicht nach Sortland zurückkehren, sondern statt dessen den ursprünglich erwogenen Rundkurs in Angriff nehmen.

Der Weg in den südwestlichen Randbezirk von Langøya führt über eine Gebirgskette. Es ist nicht zu erkennen, wo sich die Straße da oben hindurchwinden soll. Aber nach einer happigen Steigung offenbart sich die Lösung, die die Karte bereits angekündigt hatte: ein Tunnel, 1612 m lang, zwar mit Licht, aber ohne eigene Fahrradspur. Die Fahrt durch die enge, unverkleidete Röhre bereitet wenig Freude: Die wenigen Autos donnern mit gewohnt hohem Tempo an mir vorbei. Ich fürchte den Augenblick, wenn sich zwei motorisierte Verkehrsteilnehmer auf meiner Höhe begegnen und meine Geschwindigkeit falsch einschätzen. Die Situation bleibt mir glücklicherweise erspart, doch Hunde und Tunnel bleiben weiter meine Angstgegner.

Nach der unliebsamen Durchquerung steht ein ganz anderes, lustiges Erlebnis bevor. Hinter der langgezogenen Abfahrt, höchster Genuß für jeden Radfahrer, verläuft die Straße durch ebenes, kaum besiedeltes Land. Eine Arbeiterkolonne, die eine neue Fahrbahndecke aufzieht, erzwingt einen Stopp. Neben mir kommt eines der seltenen Wohnmobile zum Stehen, die sich schon in dieser frühen Jahreszeit nach Vesterålen verirrt haben. Plötzlich wird im Führerhaus eifrig gestikuliert. Die Insassen, ihrem Aussehen nach Südeuropäer, haben zwei Frauen in der Kolonne der StraßenarbeiterInnen ausgemacht. Arbeiterinnen auf der Straße! Während die Mammas verständnislos den Kopf schütteln und die Hände theatralisch über dem Gesicht zusammenschlagen, überspielen Don Macho und Kollege ihre Überraschung mit einem herablassenden Grinsen.

Unterwegs auf Vesterålen

Welch ein Kontrast – die selbstverständliche Emanzipation hier im Norden und das unerschütterte Patriarchat im Süden!

Der frische Teer bespritzt Fahrrad, Schuhe und Regenhose. Aber bei der nächsten Gelegenheit verschwindet das Regenzeug in den Packtaschen. Seit der Tunneldurchfahrt ist der Regen ständig dünner, und die hellen Versprechungen am Himmel sind häufiger geworden. Ich fühle mich geehrt und empfinde das als Dankeschön, weil ich die Abreise verschoben habe.

Das wahre Dankeschön hebt sich Vesterålen für den Abend auf. Ich habe mich für die Stichstraße zum Hafenort Nykvåg entschieden, um einen Zeltplatz an der Küste zu finden. In Nykvåg erhebt sich gleich neben dem Hafenbecken eine steile Bergwand, an der

Und das im hohen Norden: weißer Sand, Dromedar und Kamel

Tausende von Seevögeln nisten. Wie die Einwohner das Gekreische Tag für Nacht aushalten, ist mir ein Rätsel.

Der Abschied von Nykvåg fällt nicht schwer. Auf dem Hinweg hatte ich Sandvik entdeckt, eine Bucht mit weißem Sandstrand, deren Hinterland wie geschaffen für die Übernachtung ist. Die Wiesen liegen zwar fast durchweg eingezäunt, so daß es nicht ratsam sein dürfte, sich auf diesem offenen Areal niederzulassen. Viel besser eignet sich aber der Hang über der Straße, wo sich eine weite, bucklige Wiese erstreckt. Das Zelt macht sich prima auf diesem abgeschiedenen Fleck, der von der Straße nicht einzusehen ist. Die Aussicht ist überwältigend: Vor dem Sandstrand ragt ein markanter Fels aus dem blauen Meer, der wie zwei Kamelhöcker geformt ist; links davon ein kleinerer, einzelner Höcker, das Dromedar. Die Wolken präsentieren sich wie ein flauschiger, steppdekkenartiger Teppich über der ganzen Szenerie und veranlassen die Sonne zu einem lebhaften Spiel. Sie läßt ihre Strahlen einzeln über die Felsen tanzen. Sanft und versöhnlich klingt der Tag aus, der so hart begonnen hatte.

Am nächsten Morgen regiert die Sonne über Sandvik. Frühstück am Sandstrand! Und was läge näher als ein erfrischendes Bad in dem glasklaren Wasser? Die Füße, als Kundschafter vorausgeschickt, nehmen die eiskalte Warnung mit Schaudern entgegen. Der Übermut ist gezähmt – der Ausblick ist allein schön genug.

Die Landschaft entlang der Rundschleife ist nicht weiter fesselnd. So kann ich meine Aufmerksamkeit der heutigen Ausgabe des Lokalblattes zuwenden, für die mein Interviewer die »Reportage« über den frühen Radfahrer angekündigt hatte. Tatsächlich, auf der reich bebilderten Seite über Land und Leute entdecke ich mein Konterfei, eingerahmt von dem Bild eines bedeutenden Seniorengeburtstags, dem Bericht einer einheimischen Schulklasse, die von einem Wochenausflug nach Oslo zurückgekehrt ist, und einem rührenden Foto von Zwillingslämmern, die unter dramatischen Umständen das Licht der Welt erblickt haben.

Der Titel »Ferien und Statistik« bestätigt schon meine damalige Vermutung, daß es sich weniger um ein Heldenepos als um die ironisch angehauchte Präsentation eines Sonderlings handeln würde. Auf die übliche Vorstellung meiner Person folgt die unvermeidliche Pointe: »Ist es nicht ein wenig zu früh, um jetzt Ferien zu machen? – Vielleicht, aber ich möchte gern einen Einblick in das Alltagsleben der Norweger gewinnen, erzählt er (also ich). Der Statistik zufolge müßte das Wetter im Mai besser sein. – Der Statistik zufolge, ja . . .«

Um die Story abzurunden, hat Journalist Mareno Leonhardsen das passende Foto ausgewählt. Fünf Aufnahmen hatte er damals gemacht, vier mit einem lachenden Radfahrer. Bei einer hatte er just in dem Moment auf den Auslöser gedrückt, als ich mir mit der Ober- über die Unterlippe fuhr. Praktisch für Mareno – denn ein verkniffen wirkendes Gesicht paßt besser zu seinem Text als ein strahlendes. Der Journalist hat seine Geschichte, und die Leser haben ihr Amüsement. Obwohl ich ungewollt als Kasper herhalten muß, macht mir der Artikel Spaß. Er ist ein weiterer willkommener

Farbtupfer auf die letzten beiden Wochen, in denen mir von oben so viel Grau beschert worden war.

Das Grau hängt heute zunächst über den Lofoten, die sich am südlichen Horizont abzeichnen und von einer mächtigen Wolkendecke verschlungen werden. Ich durchquere auf einem Bogen die Gemeinde Bø, wo sich, ungewöhnlich für Vesterålen, Ortschaft an Ortschaft reiht. Einen windgeschützten Platz, der die Aussicht auf Meer und Lofoten freigibt, nutze ich jetzt zum genaueren Studium der Lokalzeitung. Erschreckendes und Wunderliches gibt es da zu berichten. Die Lachszuchtfarmen in den Lofoten-Buchten werden seit kurzem von einer Algenplage heimgesucht. Die Algen entziehen dem Wasser den Sauerstoff, so daß die Fische jämmerlich ersticken müssen. Der Algentyp ähnelt dem, der vor drei Jahren in Südnorwegen eine Katastrophe anrichtete und selbst in unseren Zeitungen erwähnt wurde. Damals vermuteten die Fachleute, daß die ungewöhnlich warme Nordsee das explosive Wachstum der Algen mit ausgelöst hätte. Diese Hypothese scheidet diesmal aus. Kurz gesagt, die Experten tappen wieder einmal im dunkeln, und die betroffenen Fischer müssen zusehen, wie sie die bedrohten Stationen in geschützte Bereiche ziehen können.

Seltsam liest sich ein Kommentar, der sich mit einer Tagung der Internationalen Walfangkommission beschäftigt. Demnach drohen die Isländer, die Kommission zu verlassen und den Walfang wieder aufzunehmen, ohne mit den anderen Staaten Quoten abzusprechen. Daß der Kommentator diesen Standpunkt billigt, überrascht nicht, gilt Norwegen doch als eine klassische Walfangnation. Verblüffend finde ich aber den aggressiven, einseitigen Stil des Kommentators, der sich vor allem gegen die USA und andere Staaten richtet, die Island Boykottmaßnahmen androhen. Er unterstellt den Regierungen der Großmächte, von »hysterischen Organisationen« wie Greenpeace gesteuert zu werden! Die Walbestände hätten sich längst erholt. Doch woraus er dieses Wissen schöpft, erklärt der angriffslustige Redakteur nicht. Seine Attacken gehen vom Althergebrachten aus und machen es zum Dogma. Sie passen nicht zu dem freundlichen, aufgeschlossenen, wenn auch zurückhaltenden Naturell der Norweger, wie ich sie bisher kennengelernt habe.

Weniger unsachlich, aber genauso emotional werden die Versammlungen von Bürgern unterstützt, die sich gegen eine Mitgliedschaft ihres Landes in der EG aussprechen: gegen Fremdbestimmung durch Brüssel, für die Unabhängigkeit Norges von internationaler Politik. Spricht hier etwa die eine der beiden Seelen, die sich nicht damit abfinden kann, daß nicht alles so bleibt, wie es einmal war?

Ich fühle mich nicht berufen, das Für und Wider in diesen Fragen gegeneinander abzuwägen. Der Reisealltag holt mich schnell wieder ein. Zum ersten Mal läßt mich die Karte im Stich. Sie schickt mich auf einen holprigen Küstenweg, der sich in einer Waldschonung verliert. Die vermeintliche Abkürzung erweist sich letztlich als Umweg. Ich spüre jedoch weder Ärger noch Selbstmitleid. Die mannigfaltigen Eindrücke der letzten Tage sind zu stark, als daß ich mich über eine solche Lappalie aufregen könnte.

Die beiden Wochen auf den Lofoten und Vesterålen neigen sich dem Ende entgegen. Als ich nach vielen Mühen wieder die Ringstraße erreiche, beginnt die Rückfahrt nach Sortland. Jener Tunnel von Langøya markiert tatsächlich eine Wettergrenze. Auf der anderen Seite ist die Straße zwar klatschnaß, doch der große Regen befindet sich auf dem Rückzug. Morgen früh um 5.45 Uhr legt das Schnellboot nach Bodø ab. Die Gewißheit, daß ein neues Kapitel anbricht, beschleunigt die Fahrt.

Frühlingserwachen

Der »Nordlandsexpress« liegt verlassen am Kai. Eine halbe Stunde vor Abfahrt ist noch niemand zu sehen. Die Bordcrew und die in die Gepflogenheiten eingeweihten Passagiere kommen gerade so früh oder spät wie nötig.

Rund um den Sortlandsund liften sich die Wolken, bricht der Himmel auf. Nur vereinzelt kleben schmale Wolkenbänder störrisch an den Felswänden.

Als die Maschine der »M/S Ofoten« anläuft, verlieren sich gerade vier Fahrgäste in den langen Sitzreihen des Salons. Der Rolladen des

Der »Nordlandsexpress«

Bordkiosks wird nach oben gezogen und der erste Kaffee ausgeschenkt. Dann schnappt sich der »Steward« eine Tasche und dreht eine Runde, um die Tickets zu verkaufen. Ich mache ihn auf mein Fahrrad aufmerksam. »30 Kronen kostet das extra. Aber laß mal«, winkt er ab und murmelt vor sich hin, daß das bestimmt toll sei, so eine Fahrradtour durch Norwegen. Der spontane Preisnachlaß drückt Anerkennung aus.

Ich scheine der einzige Tourist zu sein. Die meisten der anderen Passagiere legen sich quer auf die Sitze, um den so früh unterbrochenen Schlaf fortzusetzen. Wer nach Bodø will, hat jedenfalls Zeit genug: Fünfeinhalb Stunden soll der »Express« bis zum Zielhafen unterwegs sein. Die Radio-Stimme aus dem Lautsprecher findet keine Zuhörer.

Ich drücke mir fast die Nase an den großen Fensterscheiben platt, an Schlaf ist nicht zu denken. Leider darf das Oberdeck, auf dem das Rad an die Reling gekettet ist, wegen der hohen Geschwindigkeit des Schiffes nicht betreten werden, und in dem kleinen Zwischenraum vor den Türen zieht es gewaltig. Immerhin hat die Besatzung die Türen zum Salon nicht abgeschlossen, wie es ein Schild behauptet.

Elegant gleitet das Schnellboot über das Wasser. Langøya zur Rechten bietet anschauliche Eiszeitkunde: geschliffene, tafelbergähnliche Erhebungen, nur unterbrochen von schmalen Kerben, als hätten sich lange, dürre Trolle in die Höhenzüge gelegt, um ein Nickerchen zu halten. In diesen Einbuchtungen rauschen die Wasserläufe abwärts, bestens versorgt durch die kräftigen Regenfälle der jüngsten Zeit.

Die erste Station hinter Sortland ist Stokmarknes auf Hadseløya, der südlichsten Insel von Vesterålen. Die riesige Bogenbrücke zwischen Hadseløya und Langøya weckt unangenehm feuchte Erinnerungen. Zu Fuß hatte ich sie vergangene Woche überqueren müssen, weil der Wind dort oben zu stark gewesen war – nicht so bedrohlich wie damals bei Rolvsfjord, jedoch heftig genug, um mich zum Fußgänger zu degradieren. Der Wind hatte mir den Regen ins Gesicht gepreßt und jede Hoffnung begraben, daß mit der Ankunft auf Vesterålen ein trockener, freundlicherer Abschnitt der Reise beginnen könnte. Der Regen war mir treu geblieben.

Doch damit scheint jetzt Schluß zu sein, ausgerechnet am Tag meiner Abreise. Troll-Petrus versteht sich offenbar aufs Drehbuch-Schreiben. Ob er mich noch einmal ärgern will mit seiner ausgeklügelten Dramaturgie? Die wenigen Minuten im sonnendurchfluteten Salon verdrängen den Wetter-Frust der letzten Wochen erstaunlich schnell. Nein, ich empfinde es eher so, als wolle Troll-Petrus sich entschuldigen, als wolle er mich einladen, wiederzukommen. Asbjørns Wetterregel hat sich doch noch bestätigt.

Zwei Passagiere warten am Kai von Stokmarknes. Direkt in Höhe meines Sitzplatzes preßt sich das Schnellboot gegen die Kaimauer. Die überdimensionalen Gummireifen, die zum Schutz an der Mauer hängen, quietschen unter dem Druck. Die beiden Neuen steigen zu, und ruckzuck geht es weiter. Der Fahrplan gestattet keinen Aufenthalt.

Die »M/S Ofoten« durchquert jetzt den engen Sund zwischen den Lofoten und Vesterålen. Auf beiden Seiten recken sich bizarr geformte Zinnen empor, auf denen sich noch einzelne Schneefelder behaupten.

»Da hinten ist die Einfahrt zum Trollfjord«, klärt mich ein Mitreisender auf. »Das erste Stück ist ganz schmal, zwischen hohen Bergen. Das ist eine Attraktion für die Touristen. Die Hurtigruten-Schiffe, die nach Stokmarknes fahren, kommen um Mitternacht hier vorbei. Wenn die Mitternachtssonne scheint und das Wasser gelb schimmert, sind die Leute ganz aus dem Häuschen.«

Auf den Uferstreifen zwischen Bergen und Sund leuchten bunte Punkte auf: einzelne Häuser und Siedlungen, die wir teilweise auch anlaufen. Von weitem dominiert das mir längst vertraute matte Grün und Gelb dieser zivilisierten Zonen. Als das Boot in der Siedlung Digermulen anlegt, fallen mir sofort die blühenden Laubbäume auf, die ersten Boten des Frühlings. Acht Personen steigen zu, darunter einige Schulkinder. Ihr Heimatort ist mit den anderen Siedlungen auf der Ostseite des Sunds durch eine Straße verbunden, doch den Kontakt zur Außenwelt ermöglicht nur der Wasserweg. Der Salon füllt sich allmählich. Im Radio hält eine getragene Stimme die Morgenandacht. Dezent, aber bestimmt dreht der unsichtbare Diskjockey den Regler auf den nächsten Sender.

In Svolvær steigen die meisten Fahrgäste aus. Das Boot überquert anschließend den breiten Vestfjord und hält auf das Festland zu. Unterwegs halten wir in Skrova, einer kleinen Insel, deren Leuchtfeuer den südlichsten Punkt der Archipele markiert. Auch Skrova ist bewohnt. Der Fischfang bietet den Menschen die Lebensgrundlage auf diesem kargen Eiland. Und der Ertrag scheint prächtig, wie die vielen gestapelten, mit Eis aufgefüllten Kisten vermuten lassen.

Die Höhenzüge entlang der Küste sind weniger spektakulär. Auch hier laufen wir mehrere winzige Ortschaften an, wo die Leute auf die einzige Verbindung nach Bodø warten. Der Modus des Landens und Ablegens ist mir jetzt vertraut, und mit dem nachlassenden Interesse bemerke ich, daß ich ständig gähnen muß. Das frühe Aufstehen fordert seinen Tribut. Von der wärmenden Sonne verwöhnt, mit der Welt im tiefsten Einklang, nicke ich ein.

Das hat es noch nicht gegeben: Kein Hagelschauer weckt mich, kein Regenprasseln und kein heulender Wind. Die Sonne hat den Salon aufgeheizt, und ich bin zu warm angezogen! Zudem ist die Geräuschkulisse von Station zu Station lauter geworden. Der Zielhafen kann nicht mehr weit sein.

Bodø, endlich! Als ich das Rad über die Rampe schiebe, fühle ich mich wie in einer anderen Welt. »17 °C« verkündet die digitale Anzeige über dem Terminal. 17 °C!

Die Menschen stehen zu Dutzenden am Kai, lachen, plappern, schlecken Soft-Eis oder pulen das Eßbare aus den Garnelen, die sie zuvor von einem der am Kai liegenden Kutter gekauft haben. Die unverdaulichen Panzer der rosaroten Delikatessen landen im Hafenbecken. Das freundliche Wetter wirkt auf die Leute belebend. Genausogut könnte ich auf dem Markt einer x-beliebigen südeuropäischen Kleinstadt stehen.

An der Uferstraße fallen mir die halbverblühten Tulpen ins Auge, die in ihren Holzkübeln das Straßenbild verschönern sollen. Den Beton, den Lärm und Gestank der Autos können sie zwar nicht vergessen machen, doch ich schließe sie trotzdem in mein Herz: Es sind die ersten Blumen, die ich seit meinem Reiseauftakt vor genau vier Wochen bewußt wahrnehme.

Ich lege einen kurzen Abstecher ein, indem ich die neu belichteten Filme zum Entwickeln bringe. Vor zwei Wochen hatte ich einen Teil der Wartezeit in einer Telefonzelle verbracht, um dem unerbittlich kalten Wind zu entgehen. Heute kehre ich zum Kai zurück, gönne mir ein Soft-Eis und suche mir eine Bank. In aller Seelenruhe entledige ich mich meiner warmen Unterwäsche und tausche die polarerprobte Kluft gegen luftige Klamotten, die ich ganz unten aus den Packtaschen wühlen muß. Niemanden stört meine Umkleideaktion.

In dem Bootshafen, der direkt an die Fähranleger grenzt, warten Jollen und stattliche Kähne eng beieinander auf den großen Einsatz. Sonne, Sonne überall. Als sei es viele Wochen her, denke ich an die 14 Tage zurück, die ich draußen auf den Archipelen hin und her kurvte; ständig damit beschäftigt, Kleidung und Ausrüstung zu trocknen, kleine blaue Stellen am Himmel zu suchen, auf die Mitternachtssonne zu warten oder darauf zu achten, abends nur mäßig zu trinken, um nachts nicht den warmen Schlafsack verlassen zu müssen. Jedesmal, wenn ich die Lenkertasche mit klammen Fingern von der Halterung abnehmen wollte, verstrickte ich mich in ein nervenaufreibendes Geduldsspiel. Die Kälte war es gewesen, die den Kunststoff hart und damit widerborstig hatte werden lassen – was ich erst seit heute weiß, denn plötzlich gibt die Halterung auf einen leichten Druck des Daumens nach.

Sicher, es sind die vielen Begegnungen und Erlebnisse, die zählen. Aber oft ist es auch der totale Kontrast, der den Reisenden überwältigt. Auf dem Festland hatte sich während meiner Abwesenheit der Frühling eingerichtet, und ich bin jetzt einfach so hineingestolpert.

Im Bann der Küstenstraße

Die Küstenstraße 17 beginnt in Løding, von Bodø 18 Kilometer landeinwärts, und zieht sich mehr als 500 Kilometer in den Süden, bevor sie in der Nähe von Steinkjer endet. Die Küste ist in diesem mittleren Teil Norwegens dermaßen zerklüftet, daß die Straße nicht stracks südwärts führen kann, sondern häufig dem Verlauf der Fjorde folgen muß. Nur wenn die Fjorde gar zu weit ins Landesinnere hineinreichen, überbrücken Fähren die eiszeitlichen Wasserstraßen – oder sollte ich besser sagen »überbrückten«? Denn von den zahlreichen Fähren, die früher entlang der verzweigten Felsenküste kreuzten, sind heute nur noch fünf zwingend notwendig. Brücken, Tunnel und neue Straßenabschnitte, die unter erheblichem Aufwand in den Fels gesprengt wurden, haben die Fahrzeit verkürzt. Diejenigen Norweger, für die die Küstenstraße zum Alltag gehört, sind's zufrieden; die Touristen, die Zeit mitbringen und gerne auf die Rennstrecke E 6 verzichten, bedauern den Wegfall der netten Fjordfahrten. Aber eines der Prinzipien der sogenannten modernen Zivilisation heißt nun einmal Zeit-Sparen. Immerhin sind ein paar Fährrouten erhalten geblieben, um den Bewohnern von Halbinseln allzu große Umwege zu ersparen. Die Abfahrten dieser Linien wurden allerdings auf ein Minimum reduziert.

Meine Reise auf der 17 beginnt mit einem unerwarteten Stopp. Direkt an der Kreuzung wirbt ein Lebensmittelmarkt mit günstigen Getränkepreisen. Nachdem ich den Einkaufskorb mit Orangensaft gefüllt habe, stehe ich vor einer Sensation: einer Salatbar. Ich fülle zwei der typischen Plastikbehälter mit all den Köstlichkeiten, auf die ich so lange verzichten mußte. Das Putzen, Anmachen und Lagern ist auf dem rollenden Hausstand einfach zu umständlich. Aber der erste halbwegs hübsche Rastplatz auf der 17 gehört mir, und was sich in den nächsten Minuten abspielt, entspricht nicht dem Knigge und eignet sich nicht zur Niederschrift.

Nach wenigen Kilometern überspannt eine mächtige Brücke einen Sund. Unten fließt der Gezeitenstrom Saltstraumen, eines der wenigen Ziele, die ich unbedingt ansteuern wollte. Saltstraumen soll der gewaltigste Mahlstrom der Erde sein. Die Flut drückt das Wasser mit unbändiger Kraft durch die Meerenge in den Skjerstadfjord. Treffen die Strömungen von Ebbe und Flut im Sund aufeinander, liegt der Wasserspiegel im Fjord niedriger als der des Meeres. Prallen die ankommenden Wassermassen auf die zurückfließenden, entstehen durch die Wucht und den Höhenunterschied wirbelnde Strudel. Ein solcher Gezeitenwechsel steht gerade bevor, als ich ankomme.

Auch daß sich unten auf den Felsen einige Angler sammeln, beweist, daß die Flut bevorsteht. Ein Freund, der vor Jahren hier war, hatte mir erklärt, daß der Flutstrom ganze Fischschwärme mit in den Sund reißt. Binnen kurzer Zeit sollen dermaßen viele Fische anbeißen, daß sich die Petrijünger auf die stattlichsten Brocken konzentrieren können.

Neugierig verfolge ich das kreiselnde, tiefblaue Wasser. Ich wußte nicht, wie ich mir einen Mahlstrom vorzustellen hatte. Die schnellen, unregelmäßigen Bewegungen haben etwas Warnendes, Gefährliches an sich, auch wenn sie nicht an Poes fürchterliche Schlünde heranreichen, die er in seiner Erzählung »Im Strudel des Mahlstroms« beschreibt. Poe schildert darin einen Ausflug zum Gezeitenstrom »Moskenstraumen«, der an der südlichen Spitze der Lofoten fließt. Mit unvergleichlicher Phantasie entfesselt er ein Inferno der Naturgewalten, das alles Leben in die Tiefe zieht.

Saltstraumen und Børvasstindane

Schräg hinter Saltstraumen erheben sich ein halbes Dutzend weißer Bergspitzen. Mit bis zu 1286 Metern sind Børvasstindane die höchsten Berge weit und breit. Kurze Zeit später entdecke ich neben der Brücke über einen anderen Sund den Zeltplatz par excellence: eine verschwiegene Lichtung, umgeben von mächtigen Fichten, davor sanft dahinplätscherndes Wasser, das verspielt im Sonnenlicht glitzert, und als Krönung der Blick auf Børvasstindane.

Doch der Tag ist noch nicht reif zum Zeltaufschlagen, so idyllisch dieses Plätzchen ist. Im Gegenteil: Nach der Fahrt durch das Gauladal und dem nächtlichen Aufbruch in Å erlebe ich zum dritten Mal diesen Rausch, nicht vom Rad steigen zu wollen, dieses gleichermaßen beglückende und gierige Verlangen, so viel Wirklichkeit wie möglich in mich aufzunehmen. Die kurze Nacht und das lange Sitzen im Nordlandsexpress sind wie weggefegt; fast von selbst gleite ich vorwärts.

Auf diesem ersten Abschnitt läßt die 17 die wenigen Ortschaften rechts liegen. Obwohl es eine Hauptverkehrsstraße ist, fließt der Verkehr ausgesprochen spärlich. Ich brauche keine Abstecher auszuprobieren, um Naturschönheiten zu finden; ich bin ständig mittendrin.

Zum Beispiel der Wasserfall Valnesfossen: Links neben der 17 springt er über eine breite, meterhohe Stufe abwärts und fließt dann zusammengestaucht unter der Straße hindurch, um mit lautem Getöse fast hundert Meter in die Tiefe zu stürzen. Vorsichtig taste ich mich über glitschiges Gestein und feuchte Erde bis zur Kante, halte mich an Ästen und festem Gestrüpp fest. Der Blick nach unten ist atemberaubend, obwohl die Perspektive den Abgrund nicht deutlich erkennen läßt. Das aufgewirbelte Wasser sprüht mir fein und erfrischend ins Gesicht.

Weiter, immer weiter, vorbei an Seen, Sümpfen und Wäldern; ein herrliches Gefühl, endlich wieder einmal viele Bäume um mich herum zu haben. Keine Steigung tut heute weh. Wie der Mensch doch von Stimmungen abhängig ist!

Plötzlich stockt der Pedaltritt: Dort oben, vor der nächsten Kurve, überqueren zwei Rentierkühe die Straße. Die Tiere machen einen wesentlich kräftigeren Eindruck als ihre Artgenossen, die mir am Femund-See begegnet waren. Oder sind es Elche? Vor Aufregung huschen mir alle möglichen Gedanken wild durch den Kopf. Jetzt verschwinden die beiden Tiere im Wald. So schnell wie möglich bringe ich die Steigung hinter mich, spähe zwischen die nicht allzu eng stehenden Bäume. Dort stehen sie, nicht nur zwei, sondern eine ganze Herde, vielleicht 20 Tiere. Tatsächlich Elche? Raus mit der Kamera und anpirschen. Mist, stehen die Viecher doch tatsächlich im Gegenlicht. Vorsichtig versuche ich, die Herde zu umgehen, doch natürlich haben sie mich längst gewittert. Eine Zeitlang schauen sie sich meine staksigen Schritte durch das Gesträuch an, bevor sich das Leittier in Bewegung setzt. Ich bin ihnen zu nahe auf die Pelle gerückt. In flottem Tempo wechselt die ganze Herde auf die andere Straßenseite und taucht zwischen den Bäumen unter, die dort wesentlich dichter stehen. Ich hinterher. Elche – die kann ich mir nicht entgehen lassen. Was für ein Tag, was für ein Glück!

Über morastigen Boden haste ich den Hügel hinauf, immer den Trampelpfaden folgend. Zweige schlagen mir ins Gesicht, Brennesseln streifen die freien Waden, weil ich die Hose wegen des warmen Wetters bis an die Knie hochgezogen hatte. Ganz in der Nähe galoppieren ein paar Nachzügler weiter hinauf und erleichtern mir die Orientierung. Es heißt immer, Elche seien träge und langsam. Von wegen! Und dann sehe ich sie.

Vier Tiere stehen oben am Ende des steilen Pfads und mustern mich neugierig. Sie verharren regungslos und warten gespannt auf meine nächste Bewegung. Das Klicken des Auslösers nehmen sie hin. Langsam, unerträglich langsam versuche ich, mich ihnen zu nähern. Noch 30 Meter, noch 20, noch 15 . . . Die Toleranzgrenze ist überschritten, sie nehmen Reißaus. Doch ich bin nicht bereit aufzugeben, ich habe jede Menge Zeit.

Die Herde verweilt jetzt oben auf einem baumlosen Plateau. Die Tiere äsen Flechten und Moose, ohne den Fremdling aus den Augen zu lassen, immer gespannt die nächste Reaktion des Leittiers abwartend. Ich begnüge mich mit dem momentanen Abstand, etwa 20 Meter, und lasse mich zeitlupenhaft auf einem Baumstumpf nieder.

Zeit zum Luftholen, Gelegenheit, die Tiere in Ruhe zu betrachten. Da ist doch der Wunsch-Elch mit mir durchgegangen! Weiße Elche, die in einer solch großen Herde auftreten, wären für Zoologen eine bahnbrechende Entdeckung. »Leider« sind es nur Rentiere, die hier friedlich auf der Hochfläche weiden. Sicher, für Rentiere sind sie ausgesprochen kräftig gebaut, und die Geweihe von Elch und Rentier sind sich ähnlich. Aber mit der Ruhe kommt die Erinnerung wieder: Elche haben immer ein dunkelbraunes Fell, leben nicht in Rudeln, höchstens in kleinen Familien, und bewegen sich auch viel plumper als die eleganten Flitzer, denen ich soeben hinterherhecheln durfte.

Was soll's? Auge in Auge teilen wir uns das Plateau, ein stilles Miteinander, bis die Herde allmählich abdreht. Ich stehe auf, um ihnen zu folgen. Eine unbedachte, zu schnelle Bewegung! Ab geht die Rentierpost, wieder zurück in den schützenden Wald. Ich muß einsehen, daß das Treffen endgültig einseitig beendet wurde, und mache mich auf den Rückweg.

Am Ende der schweißtreibenden Fotosafari: Die »Elche« entpuppen sich als Rentiere

Weit unten sehe ich das Fahrrad an der Leitplanke lehnen. Daß ich es in der ersten Aufregung nicht abgeschlossen habe, beunruhigt mich keineswegs. Doch erst jetzt fällt mir auf, daß ich den Brustbeutel mit Papieren, Postsparbuch und Geld in der Lenkertasche zurückgelassen habe. Ich hatte ihn dort hineingelegt, weil er mir in der Sonne an der Brust klebte. Trotzdem sehe ich keinen Grund, meinen Schritt zu beschleunigen. Ich bin mir sicher, daß sich niemand an meinen Sachen vergriffen hat. »Hier passiert nix«, werde ich später in mein Tagebuch schreiben.

Der Rausch gibt mich nicht frei, selbst als die Sonne sich auf die Felsen im Westen zuneigt. Die Bezeichnung »Küstenstraße« erweist sich als irreführend, denn fast ständig verhindern vorgelagerte Inseln und Schären den freien Blick auf das Meer, mit Bergen teilweise bis 1000 Meter hoch. Zur Linken begleiten ebenfalls steile Bergwände meinen Weg, die Zinnen mal unbehauen und wild, mal glatt gehobelt bis zur Spitze: die vertraute Mischung.

Als sich die Sonne hinter den Felsen zu verabschieden beginnt, wird es merklich kühler. Ich suche auf der Karte einen Punkt, der in erreichbarer Nähe liegt und mir endlich den Blick auf die Mitternachtssonne ermöglichen soll. Noch befinde ich mich oberhalb des Polarkreises.

Bei Skaugvoll läuft der Sørfjord nach Nordwesten aus. Dort müßte die Sicht frei sein. Doch bevor ich in den Genuß des Panoramas komme, gilt es noch, eine Mutprobe zu bestehen. Drei Tunnel sind nacheinander zu durchqueren, erst 600, dann 1000 und schließlich 250 m lang. Alle Tunnel sind unbeleuchtet und verlaufen ungerade, so daß kein Lichtschein die Ausfahrten andeutet. Notgedrungen muß ich mich an den matten Reflektoren orientieren, die an den Seiten plaziert sind. Das bescheidene Scheinwerferlicht meines Fahrrads reicht nicht aus, um Unebenheiten rechtzeitig zu erkennen. Ein tiefes Schlagloch, und ich mache die Rolle vorwärts. Glücklicherweise ist die Fahrbahndecke in gutem Zustand, und jetzt, um 23 Uhr, begegnet mir nur ein Auto in den dunklen Röhren. Doch die Angst vor Rasern und Schlaglöchern steckt tief in mir. Solche Tunnel sind nicht die Freunde des Radfahrers.

Nachdem mich das letzte der schwarzen Löcher freigegeben hat, beschreibt die Straße einen Bogen – und dann lacht sie mich auf einmal an, die Mitternachtssonne, nach zwei langen, kaum erträglichen Wochen des Wartens. Fast hatte ich die Hoffnung aufgegeben.

Klare Sache, hier bleibe ich. Oberhalb der 17 verteilen sich einige runde Felsen, zwischen denen sich eine Mulde zum Übernachten anbietet. Zuvor aber rühre ich einen Beutel Tomatensuppe in das kochende Wasser ein, gebe eine gehörige Portion 5-Minuten-Reis dazu und sitze schlürfend auf meinem Fels, den roten Feuerball am Horizont nicht aus den Augen lassend. Die heiße

Mitternachtssonne über dem Sørfjord

Suppe kommt gerade recht, um mich die knappe halbe Stunde bis Mitternacht wach und warm zu halten. Die Uhrzeit spielt dabei gar keine Rolle mehr, die eigenartige, friedvolle Stimmung um so mehr. Zum ersten Mal übernachte ich unter freiem Himmel.

Der Tag mit seinen vielen Erlebnissen hat mich dermaßen aufgeputscht, daß ich ausnahmsweise schlecht schlafe. Der harte Stein unter der Iso-Matte trägt ebensowenig zu einer erholsamen Nachtruhe bei. Um halb fünf sehe ich ein, wie vergeblich mein Bemühen ist. Und nachdem sie vorübergehend zwischen den Bergen verschwunden war, kehrt zudem die Sonne zurück und fordert zu neuen Taten auf.

Doch die neuen Taten fallen schwer. Der fehlende Schlaf macht sich trotz aller landschaftlichen Reize bemerkbar. Die Natur hat es unverändert in sich. Am Ende des Sørfjords, kurz bevor die 17 endlich wieder auf das offene Meer trifft, fesselt ein phantastisch geformter Sattel den Blick. Auf beiden Seiten ziehen sich gerundete

Das Werk des Küchen-Trolls: Sattel über Storvik

Wände gleichmäßig nach oben, als hätte der Küchen-Troll sich ein Wiegemesser aus dem Fels geschnitten. Die lange Gerade hinauf muß ich zwei Pausen einlegen; die Beine sind schwer.

Die Siedlung Storvik ruht in einem U-förmigen Trogtal direkt am Meer, das die Sonne in ein freundliches hellblaues Licht taucht, während die Ortschaft zu dieser frühen Stunde noch im Schatten der umliegenden Höhenzüge verborgen liegt. In Serpentinen geht es hinunter auf Meeresniveau und danach die Küste entlang. Weit draußen im Meer, Richtung Nordwest, heben sich glitzernd Berge mit weißen Kappen empor, so klein wie Legoland: ein letztes, unerwartetes Wiedersehen mit den Lofoten, Værøy und Røst. Ich winke hinüber, sende herzliche Abschiedsgrüße gut 100 Kilometer nordwestwärts. Versprochen, ich komme wieder.

Mir wird ein zwiespältiges Gefühl bewußt. Soll ich ständig weiterfahren wie bisher und soviel wie möglich kennenlernen, oder soll ich mir ein ruhiges Plätzchen suchen und mir's inmitten der herrlichen Natur wohlsein lassen? Beide Alternativen klingen verlockend, aber ich entscheide mich für die erste, weil ich meinen Bewegungsdrang kaum anders abreagieren kann als durch Radfahren. Mit dem Blick auf die Lofoten hat sich die Müdigkeit verflüchtigt.

Es ist Zeit, mal auf die Karte zu schielen, denn die ersten Fährpassagen stehen an. Als der große Regen mich in Sortland festhielt, hatte ich mir im Fremdenverkehrsamt das dicke Buch ausgeliehen, in dem alle Verkehrsverbindungen zusammengefaßt sind. Die Abfahrtszeiten der in Frage kommenden Fähren hatte ich an den Rändern meiner Karten notiert. Diese Vorbereitung kommt mir jetzt zugute.

Demnächst werde ich in Ørnes eintreffen. Von dort aus setzt eine Fähre auf die südlich gelegene Halbinsel über. Die 17 umgeht die Halbinsel, indem sie einen weiten Bogen ins Landesinnere beschreibt, um am Ende des Glomfjords in mehreren Tunneln zu verschwinden. Der längste ist sage und schreibe 12 Kilometer lang. Er unterquert einen Ausläufer des Gletschers Svartisen. Ich verspüre keine Lust, mehr als eine halbe Stunde im Tunnel zu verbringen, sofern die Unterführung überhaupt für Radfahrer freigegeben ist. Wenn nicht, müßte ich in einen Bus umsteigen ... Dann lieber die Fähre, die in gut zwei Stunden ablegen wird.

Während ich am Fähranleger mein Frühstücksmüsli mische, fällt mir vor Schreck fast die Milchtüte aus der Hand: Eine durchdringende Schiffssirene bringt Leben in das verschlafene Nest. Ein Schiff der Hurtigrute kündigt sich an. Die »Vesterålen« ist ein riesiger Pott. Sie gehört zu den drei neuen Schiffen, von denen der Hafenarbeiter in Bodø berichtet hatte. Die Szenen von damals wiederholen sich: Die Touristen strömen, aufgedreht durch das gute Wetter, auf den Vorplatz und laufen orientierungslos umher. Sie sind nicht wie in Bodø in einem Industriehafen gelandet, doch pittoreske Holzhäuschen, Keramik und Norweger-Pullis suchen sie auch hier vergebens. Das Zentrum von Ørnes ist keine Augenweide, und mehr als eine Viertelstunde Landausflug läßt der Fahrplan ohnehin nicht zu. Also steht man am Kai, erinnert sich und redet aneinander vorbei: »Haben Sie damals diese Island-Kreuzfahrt mitgemacht? 200 Kilometer kein Baum, kein Strauch! So etwas Ödes habe ich mein Lebtag noch nicht gesehen.« – »Nichts war zu sehen von der Küste, aber auch gar nichts. Ich sage Ihnen, es war nichts zu erkennen. Und dann dieser Regen. Furchtbar (Pause), fuuurchtbar.« – »Hätte ich das vorher gewußt, hätte ich die Gummistiefel eingepackt, aber man kann ja nicht mehr als zwei Taschen tragen.« – »300 DM haben wir '82 in Stavanger für ein gewöhnliches Doppelzimmer bezahlt. Stellen Sie sich das vor: 1982 (erhobener Zeigefinger), 300 DM.«

Mein Bedarf an Konversation ist bereits durch das Zuhören gedeckt. Es fehlt nur noch eine Unterschriftenliste, in der Aufzüge zu den Aussichtspunkten gefordert werden, damit man die Halbschuhe ganztägig anbehalten kann.

Die Sirene mahnt zum Aufbruch. Der Kurzausflug ist beendet. Genauso hastig, wie sie von Bord geeilt waren, kehren die Passagiere jetzt auf die »Vesterålen« zurück – das Kennenlernen eines Landes im Dreißig-Minuten-Takt.

Meine Fähre nach Vassdalsvik besitzt ein großes Autodeck, eine nüchterne Cafeteria im Schiffsbauch und ein Oberdeck, auf dem sich die Passagiere versammeln. Die Plastikstühle haben Hochkonjunktur, denn niemand möchte sich die Sonne entgehen lassen. So tuckert die Fähre gemächlich über den Glomfjord, der einen weiten Blick hinaus aufs Meer erlaubt. Unterwegs begegnet uns ein Kutter, der eine schwimmende Lachszuchtfarm fjordeinwärts schleppt. Die Besatzung winkt uns zu, und ein Bordoffizier unseres Schiffes tritt aufs Oberdeck, um einen Gruß über das Wasser zu brüllen. Danach beginnt er einen Plausch mit den Passagieren. Die Atmosphäre gleicht mehr einem Familienausflug als einem öffentlichen Transport.

In Vassdalsvik rollen nicht alle Autos von Bord, und neue kommen hinzu. Die Fähre nimmt jetzt Kurs auf die Insel Meløya, bevor sie nach Ørnes zurückkehrt. Die Motorengeräusche werden leiser, und ich stehe allein am Kai.

Seit die 17 die Halbinsel umgeht – der Tunnel unter dem Gletscher durch soll keine fünf Jahre alt sein –, ist die Nordhälfte um

Vassdalsvik ein Außenposten, ohne Durchgangsverkehr, mit nur sporadischer Anbindung an die Zentren der Umgebung. Ohne Auto sind die Menschen hier aufgeschmissen, prädestiniert für die Abwanderung. »Wer mag hier noch wohnen?« frage ich mich.

Ich werde die Ortsansässigen nicht näher kennenlernen, aber es muß ein ganz besonderer Menschenschlag sein. Die Straße verläuft oben am Hang. Unten am Ufer werkelt ein Mann an seinem Boot und singt lauthals auf den Fjord hinaus. Doch die Bewohner von Vassdalsvik lieben nicht nur die Musik, sie lieben auch die Natur. Ich durchradle eine grüne Oase, wie ich sie oberhalb des Polarkreises nie anzutreffen gehofft hätte: Die Straßenränder säumen üppige Büsche und Laubbäume mit saftigen Blättern. Die Bewohner haben die Natur teilweise domestiziert, ihr aber auch, wo es möglich war, freien Lauf gelassen. Die weitläufig angelegten Grundstücke zieren englische Gärten, prächtige Blumenbeete in allen Farben, blühende Magnolienbäume, Rotbuchen, Spiräen und Obstbäume ebenso wie wilde Wiesen und Hecken, Sträucher und Kletterpflanzen. Dank des fehlenden Verkehrs herrscht eine Stille, die mir die Bezeichnung »Grüner Garten Eden« aufdrängt. Der Kontrast zur kargen Lofoten-Vegetation könnte nicht deutlicher sein.

Selbst als die Straße vom Meer abdreht, den Bjærangfjord landeinwärts begleitet und sich damit von der vordersten, milden Küstenzone entfernt, bleibt die hübsche Komposition der freundlichen Farben erhalten. Der allgegenwärtige Löwenzahn sprenkelt die Wiesen mit Tausenden von gelben Tupfern.

Als es auf der anderen Fjordseite wieder westwärts geht, wird mir ein weiteres Mal die belebende Kraft der Sonne bewußt: Im Schatten des südlich angrenzenden Bergrückens, der die Mittagssonne verdeckt, sind die Farben wesentlich fader, wachsen Bäume und Pflanzen spärlicher, niedriger und langsamer. Als spürten sie schon den kalten Hauch des Gletschers Svartisen, der sich im Südosten ausdehnt, von hier aus jedoch nicht zu sehen ist.

Der ständige Wechsel von Klima und Vegetation, aber auch des Wetters bestimmt die Fahrt in den darauffolgenden Tagen. Auf fruchtbare, grüne Flecken folgen kilometerlange Höhenzüge, auf

Atemberaubend: Zeltplatz mit Blick auf Sjonafjord und Meer

denen die Schneegrenze unaufhaltsam nach oben rückt. Schneeschmelze und Regen lassen zahllose Wasserfälle von den Bergen herabschießen und bieten mir eine unerschöpfliche Trinkwasserquelle. Die Besiedlung bleibt unverändert dünn, so daß ich mühelos einen traumhaften Zeltplatz nach dem anderen aufspüre.

Das Nonplusultra erlebe ich zwei Tage später auf der Höhe von Mo i Rana, bereits unterhalb des Polarkreises. Auf der Südseite des Sjonafjords überwindet die Küstenstraße wieder eine Hochfläche, ähnlich der unterhalb des Bjærangfjords. Bevor sich die 17 hinab nach Nesna windet, liegt rechter Hand ein Rastplatz, auf dem ich das Abendessen zubereite. Während ich Gemüsebrühe und Nudeln löffle, fällt mir der Zwergbirkenhain auf, der sich am Rand des Rastplatzes einen Hügel hinaufzieht. Und tatsächlich, dort oben finde ich den idealen Zeltplatz: zwei Meter vom Abgrund, mit Blick auf den Fjord und das offene Meer, mitten zwischen den knorrigen Bäumchen, die der hartnäckige Wind gebeugt hat und die jetzt, am 7. Juni, immer noch nicht blühen dürfen. Die Nordseite des Fjords prägt das runde Brenselfjell, auf dem ein dichter Schneekranz thront. Ich erkenne die Ausfahrt des 2,8 Kilometer langen (beleuchteten) Tunnels, in dem ich den Gebirgszug heute mittag durchquerte. Tief unter mir verteilen sich ein paar Häuser auf dem grünen Uferstreifen. Spektakulärer aber ist die Sicht auf den Fjord, der zwischen Brenselfjell und der 594 Meter hohen Insel Handnesøya in das tiefblaue Meer mündet. Grenzenlose Weite . . .

Solche beglückenden Gefühle werden in Zukunft seltener. Hinter Nesna wandelt sich die Landschaft rapide, wird flacher und runder. Die Besiedlung nimmt zu. Ich vermisse die Ruhe und Vielfalt der Natur und habe enorme Schwierigkeiten, mich mit dem Durchschnittlichen abzufinden, nachdem ich so lange in der Faszination schwelgen durfte. Die Entwöhnung macht mich unglücklich, und ich lege große Tagesetappen zurück, nur um vorwärtszukommen.

Am schlimmsten wird es rund um Trondheim, wo sich weite, öde Ackerflächen erstrecken. In den Flußtälern Trøndelags wimmelt es von Lachsanglern, die aus ganz Skandinavien angereist sind. Die Campingplätze gleichen Wagenburgen des geselligen Beisammenseins. Eine Übernachtung im Orkladal, und ich habe genug. So wenig ich den Anglern Spaß und gute Fänge mißgönne, so heftig sehne ich mich nach meinen wilden Zeltplätzen entlang der Küstenstraße zurück. Ich merke, daß ich mich verändert habe und daß die Reise durch die Einsamkeit nicht spurlos an mir vorübergegangen ist. Zwar scheue ich den Kontakt zu anderen Menschen nicht, aber ich brauche dazu einen anderen Rahmen als den lauten, teilweise alkoholgetränkten Rummel, der nicht nur das Orkladal Nacht für Nacht erfüllt. Früher hätte ich mich damit für einen begrenzten Zeitraum arrangieren können, doch jetzt ergreife ich die Flucht.

Es ist mein nächstes großes Ziel, das mir über diese Woche der »inneren« Entbehrungen hinweghilft. Bald werde ich in Sunndalsøra eintreffen. Dort steht die erste Gebirgspassage an. Ich weiß nicht, was mich dort oben erwartet, aber ich hoffe auf Stille, unberührte Natur und körperliche Herausforderung – all das, was ich bisher schon schätzen gelernt habe, was ich an Trøndelag so stark vermisse und was ich wiederhaben möchte.

Erste Tage im Gebirge

Sunndalsøra ist auf den ersten Blick keine Sommerfrische. Am Ende des Sunndalsfjords macht sich ein riesiges Industriegelände breit, und im Zentrum des Ortes dominieren häßliche Betonquader, in denen Geschäfte und Behörden untergebracht sind. Um so schöner präsentiert sich die umliegende Landschaft, doch für sie habe ich momentan keine Zeit.

Ich muß dringend zur Post. Heute ist Samstag. Mir geht das Geld aus, und ich erwarte postlagernde Sendungen, möchte aber nicht übers Wochenende hier festsitzen. Den Zwang zur ungewohnten Hektik habe ich mir selbst zuzuschreiben, weil mir die drei beleuchteten Tunnel vor Sunndalsøra nicht gut genug waren. Nein, ich wählte die alten Wege außen herum, balancierte das Rad zwischen Geröll hindurch, mußte Wasserfällen ausweichen und in einem historischen Tunnel die ganze Last über meterhohe Gesteinsbrokken wuchten, die von der Decke abgebrochen waren. Zu guter Letzt galt es, eine abgewrackte Brücke zu überqueren, von der nur noch die Stützpfeiler und einige Holzbohlen übriggeblieben waren. Einmal schwebte das Hinterrad frei über dem Fjord . . .

Drei Minuten vor eins treffe ich im Postamt ein, drei Minuten vor Torschluß. Die Beamtin macht zunächst keinen begeisterten Eindruck, als sie mein Postsparbuch sieht, bedient mich aber mit der gewohnten Freundlichkeit. Auf meine Frage, ob etwas unter poste restante für mich bereitliege, verschwindet sie im Hinterzimmer, um mit zwei Päckchen und drei Briefen zurückzukehren.

Draußen suche ich mir eine Parkbank und sortiere die Post: ein Brief von der Liebsten, die Päckchen von meinen Eltern, die meinen Hilferuf erhört und mir haufenweise Müsli und Schokolade geschickt haben – ein in Norwegen immens teurer Luxusartikel.

Nachdem ich das Müsli in die Behälter umgefüllt habe, luge ich ängstlich in die Packtaschen. Um für die bevorstehende Gebirgstour unabhängig zu bleiben, muß ich noch einiges einkaufen, und der Platz wird langsam knapp.

Nachdem ich einen der betonierten Einkaufsbunker verlassen habe, bin ich minutenlang damit beschäftigt, die erstandenen Lebensmittel zu verstauen. Mit sicher sieben Kilo Mehrgewicht setze ich die Reise fort.

Endlich, endlich kann ich mich der Landschaft widmen. Das Sunndal liegt eingebettet zwischen glatten, abschüssigen Bergketten, die sich bis zu 1900 Meter emporrecken. Die beiden letzten Tage hatte es fast ununterbrochen geregnet, und ausgerechnet jetzt bricht die Sonne durch. Die Granitwände glänzen noch schwarzblau von der Feuchtigkeit, und an den Kuppen verharren weiße Wolken wie übersehener Rasierschaum. Blickfang sind die beiden Berge zur Rechten, der Store Kalkjin, laut Karte 1880 Meter hoch, und der Litle Kalkjin, 1656 Meter. Ganz oben speisen die übriggebliebenen Schneefelder zahllose Wasserfälle. Es ist ein berauschendes Gefühl, den Fall des Wassers über fast zwei Kilometer nach unten zu verfolgen. Die Perspektive vom Talgrund aus ist beinahe verzerrend, weil das Auge den immensen Höhenunterschied nicht recht zu fassen vermag. Staunend blicke ich von rechts nach links, von oben nach unten, und kann mich nicht satt sehen, geschweige denn von der Kulisse lösen.

Dabei ist das Sunndal nicht einmal mein Ziel. Auf der anderen Seite des Kalkjin-Brüderpaares liegt das Litledal, das kleine Tal, in dem die Berge ganz eng aneinanderrücken. Vor Jahren war ich dort mit dem Auto hineingefahren und mußte wegen des katastrophalen Straßenbelags umkehren. Doch ich hatte geschworen, eines Tages wiederzukommen. Es ist soweit.

Die Straße durch das Litledal muß der Karte nach auf eine Hochebene führen, um später in ein Seitental hinabzusteigen. Zunächst geht es durch eine Siedlung. Zwei Buben begleiten mich ein Stück auf ihren Fahrrädern und sprechen mich an. Ich erzähle von meinem Vorhaben, worauf der eine sagt, daß der letzte Teil der Paßstraße wegen Schnee gesperrt sei. Mein momentanes Hochgefühl läßt Enttäuschung gar nicht aufkommen. Ich antworte, daß ich auf jeden Fall so weit wie möglich fahren wolle. »God tur!« wünschen sie mir – »eine gute Reise«.

Am Ende der Siedlung geht die angenehme Asphaltdecke in einen unbefestigten Weg voller Schlaglöcher über. Es hat sich nichts verändert seit meinem damaligen Besuch. Ein Schild macht auf den

Fast zwei Kilometer Höhendifferenz durchrauscht das Wasser im Sunndal: Store Kalkjin

schlechten Straßenzustand aufmerksam, daß die Straße für LKW und Fahrzeuge mit Anhänger gesperrt sei und daß die Benutzung auf eigene Verantwortung erfolge.

Doch die Straße ist nicht nur voller Löcher und Rinnen, sie ist vor allem steil und schraubt sich in engen Kurven einen ersten Hügel hinauf. Ich schwitze und schnappe nach Luft, beginne an meiner körperlichen Verfassung zu zweifeln – bis mir das Übergewicht in meinen Packtaschen einfällt. Nein, so geht es nicht weiter. Ich muß abspecken. Also leere ich den gesamten Wasservorrat aus, zweieinhalb Liter immerhin, fülle zwei Flaschen mit dem eingekauften Saft und schütte gleich noch einen halben Liter in mich hinein. Darauf hätte ich schon früher kommen können: Bei den vielen Wasserfällen, die in das Tal niedergehen, muß ich mir garantiert keine Sorgen um Nachschub machen.

Und die Wasserfälle haben es in sich. Die ganze Zeit schon erfüllt ein Knallen das Tal, als seien Sprengarbeiten im Gange. Das Donnern wird lauter und lauter, und plötzlich entdecke ich des Rätsels Lösung an einer Stelle, wo ich es bestimmt nicht vermutet hätte: Ein eher dünner Wasserfall kracht über Hunderte von Metern direkt in eine Eiskappe, um danach als gezähmtes Bächlein den Rest des Abhangs hinunterzupurzeln. Die Gewalt des aufklatschenden Wassers hat die Eiskappe an den Rändern bersten lassen, doch hartnäckig klebt sie weiter am Fels.

Der steile Fahrweg erzwingt mehrere Pausen, worüber ich im Grunde froh bin, weil ich während der Fahrt nicht alle vier Himmelsrichtungen im Auge behalten kann. Das Tal wird immer enger. Es mißt an seiner schmalsten Stelle maximal 50 Meter Breite. Bäume und Gestrüpp reichen bis an meinen Fahrweg heran. Das Litledal ist anscheinend außer der Straße unberührte Natur. Aber doch nicht vollends! Erstmals bemerke ich die gigantischen Strommasten, die in dieser vermeintlichen Wildnis wie Fremdkörper wirken. Woher mögen sie kommen? Eine Stromleitung über das Gebirge?

Während der holprige Weg einen See begleitet, erspähe ich in der Bergwand rechts vor mir die Serpentinen, die mich nach oben bringen sollen, bringen müssen. Das Tal ist nämlich zu Ende. In der

Wasserfall am Westhang des Litledals

Mitte des abschließenden Kessels überrascht mich ein fabrikähnlicher Bau. Die Umspannstation deutet auf ein Wasserkraftwerk hin. Nur ist nicht auszumachen, wo das Wasser ist.

Die Serpentinen beginnen, schrauben sich unerträglich steil bergauf. Alle bisherigen Steigungen – und ich habe einige bewältigen müssen – erweisen sich im nachhinein als harmlose Teststrekken. Jede der engen Kurven wird zum Ziel, hinter dem ich den Ehrgeiz aufs neue anstacheln muß. Ich denke an die Aussicht, die mich an der nächsten Biegung erwartet, und werfe mir auf diese Weise kleine Häppchen vor, die ich bewältigen kann, verdränge aber den großen Batzen, der noch vor mir liegt. Jede Etappe dieser kraftraubenden Prüfung ist ein kleiner Sieg über das Verlangen, abzusteigen und zu schieben. Dabei ist die Vorstellung vom Schieben nur eine trügerische Hoffnung, weil das bepackte Rad mit den Armen kaum vorwärts zu bewegen wäre, jedenfalls nicht bergauf. Mit jeder erklommenen Kurve wächst das Selbstvertrauen und schwindet die Kraft. Die Abstände zwischen den Etappenzielen, die ich mir stecke, geraten immer kürzer. Als die Entfernungen zwischen den Kurven zu groß werden, halte ich mich an Bäume, Felsen, Wasserfälle, ähnlich wie damals auf der Königsetappe. Ich lege eine Pause ein, setze mich auf eine Brücke, unter der ein Wasserfall hindurchschießt, und esse die Tomaten, die ich in Sunndalsøra eingekauft habe. Der Heißhunger auf etwas Frisches überlagert das Gefühl, ausgepumpt zu sein, und beim Essen melden sich die Lebensgeister zurück.

Nach der Hälfte der einsehbaren Strecke überholt mich ein schwarzer Golf mit Auricher Kennzeichen und hält hinter der nächsten Kurve zum Fototermin. Ein Pärchen steigt aus, beide etwa Mitte zwanzig. »Wahnsinn«, ruft der junge Mann, nachdem ich mich als Deutscher zu erkennen gegeben habe, »hier mit dem Fahrrad raufzufahren. Darauf würde ich gar nicht kommen. Bist du wirklich im untersten Gang?«

Verblüfft stelle ich fest, daß ich die bisherige Strecke im zweiten Gang absolviert und mir den Aufstieg unfreiwillig erschwert habe. Um so mehr fühle ich mich durch die unverhohlene Anerkennung geehrt.

Die beiden sind mir auf Anhieb sympathisch, und wie von selbst kommen wir ins Gespräch. Sie haben eine regelrechte Skandinavien-Rundreise hinter sich, waren auch in Schweden. Die meiste Zeit reden wir über das Litledal und putschen uns gegenseitig auf. Als ich sie auf die angebliche Sperrung hinweise, kommt mir spontan ein Hintergedanke: »Am Ende der Steigung liegt wohl ein größerer See. Solltet ihr wirklich nicht weiterkommen, könnten wir uns da treffen, zusammen was essen und ein bißchen quatschen.«

Mal schauen, vielleicht schlagen wir am Ende gemeinsam die Zelte auf. Ich habe Lust, mal wieder herzhaft zu plaudern, ohne Konventionen und ohne lärmenden Hintergrund. Das behalte ich aber vorerst für mich. Ich will die beiden nicht überrumpeln.

Okay, abgemacht. Frisch angespornt schwinge ich mich aufs Rad und erklimme die nächsten Serpentinen. In der zweiten Kehre wartet der Golf mit laufendem Motor. Der Fahrer steht neben seinem Auto und fotografiert einen weiteren Wasserfall. »Das darf doch nicht wahr sein«, ruft er mir entgegen. »Wie schnell du vorwärtskommst. Ich krieg' einen Herzinfarkt, wenn ich das nur sehe!«

Spricht's, setzt sich in sein Auto und macht den Weg frei. Die beiden sind nicht die einzigen, die auf dem Abenteuerweg unterwegs sind. Von oben kommen mir mehrere Wagen entgegen, alle mit norwegischem Kennzeichen, die meisten voll besetzt, zwei davon sogar mit Anhängern. Auf den einen ist ein Schneebob geschnallt, auf dem anderen liegt Baumaterial. Was geht da oben vor sich? Ein Familienausflug zum Schneescooter-Rennen? Ich kann keinen Schnee entdecken. Ist die Straße doch offen?

Alle Fragen sind wie weggewischt, als ich den höchsten Punkt über dem Litledal erreicht habe. Der Blick hinunter umfaßt das schmale Tal mit Wald und Seen, die hohen Berge, die mit Nadelbäumen bewachsen sind, sobald eine halbwegs ebene Stelle die Wurzeln hält. Unter mir liegt das Tal bereits im Schatten, wogegen hinter mir unverdrossen die Sonne regiert. Während der Wintermonate dürfte es lange dunkel sein im Litledal.

Das Kraftwerk drunten bleibt hinter einem Felsvorsprung verborgen. Die Stromleitungen, die sich über eine imponierende

Strecke frei hängend hinaufschwingen, können dem Landschaftsgemälde nichts anhaben. Als sei in meinem Kopf ein elektronisches System eingebaut, das Kräne und Baumaschinen aus Fotos entfernt, um im Urlaubsprospekt Hotelparadiese oder pure Natur vorzugaukeln, so verschwinden diese Leitungen aus der Kulisse.

Nach der nächsten Kuppe wandelt sich das Bild schlagartig. Die Baumgrenze ist überschritten. Mattes Schwarz ersetzt das kräftige Grün. Müdes Heidekraut, das nach dem langen Winter endlich wieder die Sonne spürt, tritt an die Stelle von blühenden Gräsern. Die Schneefelder reichen bis auf die Höhe der aufgeweichten Schlaglochpiste hinab. Die Bergspitzen im Westen sind weiß verpackt.

Welch ein Klimawechsel, so nahe am Fjord! Purer Wahnsinn! Nachdem ich einen kurzen, vereisten Tunnel durchquert habe, treffe ich auf den zugefrorenen See Osvatn, 849 Meter über dem Meer gelegen. Das diesseitige, nordöstliche Ende des Sees begrenzt eine Staumauer, zusammen mit Werkhallen und einem verzweigten Wegenetz ein weiterer eindeutiger Hinweis, daß in dieser Gegend Strom durch Wasserkraft gewonnen wird.

Kein Zweifel, der Abenteuerweg ist vor kurzem geräumt worden. Die Spuren des Schneeschiebers sind unverkennbar. Der zur Seite geschaffte Schnee türmt sich dermaßen hoch, daß ich das Fahrrad daranlehnen kann. Jetzt bin ich eine ganze Woche durch den Frühling geradelt, um wieder im Winter zu landen. Beide Zonen sind gerade mal fünf Kilometer voneinander entfernt.

Der Golf, der vor mir um die Ecke biegt, kommt mir bekannt vor. »Da hinten ist Schluß«, bestätigt die nun schon vertraute Stimme mit norddeutschem Akzent. »Aber den ganzen Weg entlang stehen Holzhütten, sicher hundert Stück.«

Deshalb also die Anhänger mit Holzlatten und Werkzeug!

»Liegt überall so viel Schnee wie hier?«

»Nein, ein Stück weiter liegt gar kein Schnee mehr. Die Straße macht einen Bogen und endet an einem Stausee. An der Staumauer steht ein großes Haus, an dem sie arbeiten. Dort stehen mehrere Jeeps quer über die Straße. Da sind wir umgekehrt.«

»Was habt ihr jetzt vor?« versuche ich auf den Punkt zu kommen. Es ist mittlerweile sieben Uhr abends. »Da hinten, wo der See beginnt, habe ich eine Stelle entdeckt. Was haltet ihr davon, wenn wir unsere Zelte da aufstellen?«

Die Stelle wird begutachtet und für gut befunden. Super. Den Zeltaufbau verschieben wir auf einen späteren Zeitpunkt. Zuerst einmal lehnen wir an der Staumauer und trinken heißen Tee. Während ich Silke und Helmut meine Erlebnisse schildere, kommt ein Pärchen auf Mountain-Bikes daher, ohne Gepäck, mit kurzen Radfahrerhosen und extrem leichter Oberbekleidung. Großes Hallo, großes Fragezeichen. Die beiden sind Holländer, haben ihr Auto nach den steilen Passagen stehenlassen und sind jetzt auf Erkundungsfahrt. Helmut, der neues Teewasser aufsetzt, versichert den Neuankömmlingen, daß sich die Weiterfahrt nicht lohne. Die Runde vergrößert sich.

Wir tauschen unsere Erlebnisse aus. Es ist ein lustiger, harmonischer Plausch, über dem wir gar nicht bemerken, was um uns herum geschieht. Blitzschnell ist eine Nebelwand aus dem Litledal heraufgezogen und hält jetzt auf die Staumauer zu. Von den Gipfeln steigen Wolken herab, so daß wir im Handumdrehen eingekreist sind. Die Sonne verabschiedet sich und hinterläßt einen letzten Gruß in Form eines Regenbogens, der über dem zugefrorenen See steht. Es wird merklich kühler, und bevor wir's uns recht versehen, beginnt es zu nieseln.

Das Happening wird abgebrochen. Mit Gänsehaut an Armen und Beinen steuern die Holländer flugs auf ihr rettendes Auto zu. Die Teetassen stehen achtlos auf der Mauer, während wir Zurückgebliebenen in aller Eile unsere Wohnburgen aufbauen. Die Sichtweite auf den Staudamm beträgt weniger als 50 Meter – Wetterwechsel im Gebirge . . .

Eine halbe Stunde später sitzen wir zu dritt im geräumigen Kuppelzelt meiner Nachbarn und wärmen uns an den Tassen, die jetzt mit heißer Gemüsebrühe gefüllt sind – Zeit, ausführlicher zu berichten und zuzuhören. Nur Helmut stammt aus Ostfriesland, Silke dagegen aus dem Nordhessischen, wo sie jetzt gemeinsam leben.

Wie fast alle Touristen, die Skandinavien zum ersten Mal durchreisen, haben sie eine lange Fahrt hinter sich: durch Schweden zum

Silke und Helmut

Nordkap, über Hammerfest und andere bekannte Stationen auf der E 6 und auf »meiner« Küstenstraße wieder südwärts.

In unregelmäßigen Abständen tropft es auf das Zeltdach. Ich

spendiere meine letzte Blaubeersuppe, ein Import aus Schweden. Apropos Schweden.

»In Schweden haben wir meine Cousine besucht«, erzählt Silke. »Sie arbeitet in einem Kindergarten, den wir auch besichtigt haben. Du glaubst nicht, wie die ausgestattet sind, sogar mit Schwimmbad. Gibt es das hier auch?«

»Ich weiß nicht. Schweden und Norwegen gelten ja als Wohlfahrtsstaaten. Die Bürger müssen viele Steuern bezahlen, es heißt aber offiziell, daß sie viel vom Staat zurückbekommen. Wie das in der Praxis aussieht, kann ich nicht sagen. Ich weiß nur, daß beide Länder wirtschaftliche Schwierigkeiten haben, angeblich wegen der hohen Sozialleistungen.«

»Verdienen die Leute denn auch mehr als bei uns?«

Womit wir bei der Schleife »Einkommen – Ölbranche – Preise – Lebensstandard – Fluchtpunkt Natur« angelangt sind. Ich versuche, die Unterhaltungen mit Jakob und Asbjørn zusammenzufassen und hoffe, mich dabei nicht zu oberlehrerhaft anzuhören. Die beiden scheinen aber interessiert.

»Deshalb also die vielen Hütten hier oben«, nickt Silke.

Da ich nicht zum ersten Mal in Norwegen bin, rutsche ich so ein bißchen in die Erzählerrolle.

»Wie findest du eigentlich die Norweger?« fragt Helmut. »Wir sind manchmal verunsichert, weil sie eher distanziert wirken. Wir wissen dann nicht, ob sie uns aus dem Weg gehen wollen oder nur von Natur aus so zurückhaltend sind. Wenn wir einkaufen oder auf einen Campingplatz kommen, sind die Unterhaltungen oft ziemlich schwerfällig, obwohl viele ältere Leute ein bißchen deutsch oder auch englisch sprechen, englisch anscheinend mehr als bei uns.«

»Ich habe eigentlich selten Probleme«, entgegne ich. »Mir kommt vielleicht zugute, daß ich die Sprache beherrsche, zumindest die Alltagskommunikation. Wenn du als Ausländer in einem kleinen Land die Sprache der Einheimischen sprichst, fühlen sich die Menschen geschmeichelt. Wenn Deutsche zum Beispiel nach Holland fahren, erwarten sie automatisch, daß die Holländer deutsch sprechen. Das mag bequem sein, aber den Kontakt verbessert es bestimmt nicht.

Als Radfahrer ist man außerdem eine besondere Erscheinung, in Norwegen auf jeden Fall. Da wirst du eher angesprochen, weil sie wissen wollen, woher du kommst, wohin du fährst. Die Norweger sind sehr stolz auf ihr Land, und wer sich die Mühe gibt, durch ihr Land zu radeln, besitzt automatisch einen Bonus.«

Es sei denn, der Bonuspilot ist nach allgemeiner Auffassung zu früh unterwegs. Ich erzähle von meiner Rolle als Presseheld und ernte das erwartete Lachen.

»Wir haben die Erfahrung gemacht«, sagt Helmut, »daß du den ersten Schritt tun mußt. Dann tauen sie ganz schnell auf.«

»Das stimmt. Wenn ich beispielsweise an einem Bauernhof vorbeikomme, unterbrechen die Leute ihre Arbeit und gaffen mich an. Wenn ich ihnen aber zuwinke, winken sie zurück, als ob sie dafür einen Preis bekämen.«

Nachdem wir unsere Gastgeber in die Schublade gesteckt haben, wenden wir uns anderen Dingen zu. Wir sprechen über die Heimat, unsere Berufe, über Erfahrungen mit dem Freundeskreis. Da wir uns in ähnlichen Lebensabschnitten befinden, gibt es viel auszutauschen.

Erst spät in der Nacht lösen wir die gemütliche Runde auf.

Am nächsten Morgen bin ich als erster auf den Beinen. Sonne und Wolken kämpfen um die Vorherrschaft, ohne daß einer den Sieg davontrüge.

Ich spaziere auf dem Staudamm entlang und suche mir einen Bach zum Waschen. Das Wasser ist kalt, aber erfrischend; ich hole die Flaschen, um Trinkwasser nachzufüllen. Das Leben im Gebirge macht Spaß.

Nach dem gemeinsamen Frühstück beginnen Silke und Helmut zu packen. Zur selben Zeit geht ein Mann mit seinem Hund auf dem Staudamm spazieren. Wo mag er herkommen? Weit und breit ist kein fremdes Auto zu sehen. Er bleibt neben dem Golf stehen und mustert Helmut, der sich gerade am Kofferraum zu schaffen macht. Die beiden schauen sich an. Wer bricht das Eis als erster? Helmut nickt dem seltsamen Gast zu, und der Mann spricht ihn an. Neugierig treten Silke und ich näher.

Der Mann ist Ingenieur bei der staatlichen Behörde, die die hiesigen Wasserkraftwerke betreibt. Er spricht sehr gut deutsch. Wir fragen ihn nach seiner Arbeit. Da er nicht weiß, welches Hintergrundwissen er voraussetzen kann, holt er etwas aus: »Norwegen braucht keine Atomkraftwerke. In der Nordsee lagern Erdöl und Erdgas, und dann haben wir ein Netz von Wasserkraftwerken, das sich durch das halbe Land zieht.

Der erste Damm hier oben entstand schon 1912. Die Bauarbeiten waren aber sehr schwierig, so daß sie mehrmals eingestellt wurden. Seit 1953 wird hier Strom produziert.

Die beiden großen Stauseen, Osvatn und Aursjø, sind durch einen Tunnel miteinander verbunden. Zwischen diesem See«, er zeigt auf den Osvatn, »und dem kleinen dort unten steht ein kleines Kraftwerk, das das Gefälle ausnutzt. Und von dem kleinen See unten führt ein Tunnel durch die Berge bis nach Sunndalsøra, wo das größere Kraftwerk am Fjord steht. Dort fällt das Wasser in die Turbinen. Die Generatoren, die die Energie in Strom umwandeln, können die Heizungen von 60 000 Haushalten versorgen.«

Er zeigt jetzt auf den Höhenzug im Nordwesten: »Der lange Tunnel wurde 1946 als Eisenbahntunnel begonnen, durch den man Material auf das Gebirge schaffen wollte. Aber man hat die Ausbauarbeiten 1955 eingestellt. Man sieht noch, wie groß der Durchmesser ist.«

Als Elektroingenieur ist Helmut ganz Ohr. Er verstrickt unseren Besucher in ein Fachgespräch und fragt nach technischen Daten. Dem Mann scheint das Gespräch viel Spaß zu machen.

»Siehst du«, meint Helmut lachend, nachdem sich unser Gast verabschiedet hat, »hätte ich ihm nicht zugenickt, hätte er mich vielleicht nicht angesprochen. Genau wie wir es gestern besprochen haben.«

Nun heißt es aber auch für uns, adieu zu sagen. Natürlich tauschen wir unsere Adressen aus, und Helmut gibt mir gleich noch die Adresse seiner Eltern in Ostfriesland. »Da mußt du unbedingt mal hin. Es wird dir ganz bestimmt gefallen.«

Während ich dem Golf hinterherwinke, nehme ich mir fest vor, die beiden zu Hause wiederzusehen.

Plötzlich stehe ich wieder allein auf meinem ruhigen Fleckchen. Doch die Einsamkeit tut mir nicht weh. Ich habe mich dafür entschieden, nach zwei Wochen on the road einen Ruhetag einzulegen. Auch hege ich im Hinterkopf die Hoffnung, daß die Straße morgen nicht mehr gesperrt ist. Wenn dieser Abschnitt geräumt ist, warum sollten sie nicht auch die letzte Teilstrecke räumen?

Nach längerer Zeit widme ich mich mal wieder ausführlich dem Fahrrad, tausche die abgefahrenen Bremsbacken aus, ziehe die Bremszüge nach und überprüfe mißtrauisch die Speichen. Daß nach nunmehr 3150 gefahrenen Kilometern noch nicht eine Speiche gebrochen ist, erscheint mir beinahe unheimlich. Offensichtlich hat es sich ausgezahlt, daß ich sie zweimal nachgezogen habe. Den kleinen Achter, den mir das beschert hat, nehme ich gerne in Kauf. Dankbar erkenne ich an, wieviel mehr ich von der Landschaft genießen kann, wenn die Ausrüstung intakt ist.

Mittlerweile hat sich die Sonne am Himmel durchgesetzt. Ich plaziere meine Isomatte an einem strategisch günstigen Punkt und schaue auf den zugefrorenen Osvatn. Hinter mir plätschert der Bach, rechts und links ertönt ab und zu ein dumpfes Grollen, wahrscheinlich Wasserfälle oder Lawinen, vor mir knirscht das allmählich aufbrechende Eis, und über mir ruft der Kuckuck, der gelegentlich vorüberfliegt. Ich bin im Frieden mit mir und der Natur und greife nach den Briefen, die ich gestern in Sunndalsøra abgeholt habe. Eine Freundin hat mir ein Gedicht geschickt, das meine momentane gelöste Stimmung treffend in Worte faßt. Das Meer begreife ich als Synonym für die Natur:

Meer

Wenn man ans Meer kommt
soll man zu schweigen beginnen
bei den letzten Grashalmen
soll man den Faden verlieren

und den Salzschaum
und das scharfe Zischen des Windes
einatmen
und ausatmen
und wieder einatmen

Wenn man den Sand sägen hört
und das Schlurfen der kleinen Steine
in langen Wellen
soll man aufhören zu sollen
und nichts mehr wollen wollen
nur Meer

Nur Meer

Erich Fried

Am späten Nachmittag besucht mich mein neuer Bekannter, der Ingenieur. Er erkundigt sich eingehend über meine Reise und hat eine überraschende Neuigkeit für mich: »Ich war vorhin am Aursjø, dem zweiten großen Stausee. Ich kann dir nicht sagen, ob die Straße zum Eikesdal jetzt freigegeben ist, aber ich habe ein paar Autos hinunterfahren sehen. Ich weiß nicht, wie weit sie gekommen sind, aber du solltest es morgen auf jeden Fall versuchen. Mit dem Fahrrad bist du viel beweglicher, und wenn wirklich noch Schnee auf dem Weg liegt, trägst du es einfach darum herum.«

Er gibt mir seine Visitenkarte und bittet mich, ihm zu schreiben, wenn ich wohlbehalten in Deutschland angekommen bin. Erfreut bedanke ich mich bei Odd Andreas Myrvang für den guten Tip.

Anmerkung: Das Gedicht stammt aus Erich Fried, Warngedichte.

Grüne Oase Eikesdal

Wieder stehe ich an einer Staumauer, diesmal am Aursjø, wo Silke und Helmut umkehren mußten. Weder ein Schlagbaum noch querstehende Jeeps versperren den Weg. Er scheint frei. Das karge Hochland, das sich vor mir ausbreitet, wirkt dagegen alles andere als einladend. Dunkle, tiefhängende Wolken pressen sich auf die wellige Fläche und verwandeln sie in eine schwarze Wüste. Der Fahrweg schlängelt sich verstohlen hindurch, als sei der Eingriff des Menschen hier gerade noch geduldet, aber keineswegs selbstverständlich. Schneefelder sind auf den einsehbaren Passagen zwar nicht auszumachen, doch wer weiß, welche Überraschungen zwischen den Kuppen oder im Hinterland warten. Die Endlosigkeit des düsteren Horizonts vermittelt ein beklemmendes Gefühl.

Den Insassen des Autos, die sich vor wenigen Minuten hinuntergewagt haben, scheint es ähnlich zu ergehen. Langsam tastet sich das Fahrzeug vorwärts, als bewege es sich in einer verbotenen Zone. Während ich mein zweites Frühstück einnehme, beobachte ich die behutsame Testfahrt. Bis auf die Größe eines Spielzeugautos geschrumpft, verschwindet der Wagen schließlich im schwarzen Loch.

Das Abenteuer beginnt. Der Weg ist in einem erbärmlichen Zustand. Ich fahre über loses Gestein und Erde, die die Nässe aufgeweicht hat, und muß ständig manövrieren, um nicht in einer Spurrille zu enden. Obwohl die Höhenunterschiede zwischen den Hügeln gering sind, gerät jede Steigung auf dem nachgebenden Untergrund zur Plage. Einmal bleibt mir nichts anderes übrig, als zu schieben. Nach zehn Metern fühlen sich die Arme total ermattet an. Daß es jetzt auch noch zu regnen beginnt, macht das Maß voll.

Im Abstand von zehn Minuten überholen mich zwei Autos mit niederländischem Kennzeichen. Die Insassen spenden Beifall und winken mir aufmunternd zu. Als Angehörige einer radfahrenden Nation wissen sie meinen Auftritt zu schätzen. Norweger würden sich wahrscheinlich eher an die Stirn tippen.

Die ersten Schneeverwehungen kommen in Sicht, doch die Straße ist geräumt. Die Abdrücke der Raupenketten sind frisch.

Die Schneeschmelze setzt dem ohnehin gebeutelten Weg arg zu. Zahllose Wasserläufe überqueren die brüchige Piste, zum Teil als Rinnsale, zum Teil als regelrechte Bäche. An einigen Stellen ist der lose Belag auseinandergerissen, klaffen bis zu 40 Zentimeter breite Spalten, deren Ränder weiter abbröckeln. Ich gebe die Komplimente an die niederländischen Autopiloten zurück. Über diese Spalten zu fahren, erfordert schon Mut.

Allerdings steht uns die größte Prüfung noch bevor. Auf einer Kuppe steht das Räumfahrzeug, darunter beginnt ein gut 250 Meter langer Abschnitt, den eine feste Schneeschicht bedeckt. Das zweite der niederländischen Autos begibt sich gerade auf die Abfahrt. Die Familie ist ausgestiegen und läuft aufgeregt hinter dem Auto her, während Papi mit hochrotem Kopf versucht, die Spur zu halten. Diagonal stehend, rutscht das Gefährt sachte abwärts – ein Heidenspaß für die Straßenarbeiter. Sie haben gut lachen, sind sie doch mit einem allradangetriebenen Jeep unterwegs.

»Alt i orden?« frage ich einen Arbeiter. Alles in Ordnung?

Er nickt, ohne eine Miene zu verziehen.

Obwohl es meine Reise zweifellos bereichert, Mitte Juni eine schneebedeckte Paßstraße zu überqueren, bin ich froh, daß der Schneeschieber das Gröbste zur Seite geräumt hat. Das Schneefeld reicht weit den Hang hinauf, während zur Rechten ein Abgrund gähnt. Die Leitplanke ist mit einem Teil des Weges abgerutscht. Das Umtragen des Fahrrads, das mir Ingenieur Myrvang empfohlen hatte, hätte sich zu einer Tortur entwickelt.

Schneefeld, Kurve, es geht abwärts. Leider raubt mir der tückische Boden jeden Fahrgenuß. Im Hintergrund ist das Eikesdal zu erkennen, das sich zum Talende hin zu einer Schlucht verschmälert. Parallel zu dem Höhenzug, auf dem ich mich momentan befinde, endet die Schlucht in einem kilometerlangen Felsspalt. Zig Wasserfälle sausen drüben die abschüssigen Bergwände hinab, vom zarten Schleier bis zum tosenden Kraftpaket.

Ein Auto steht am Wegesrand. Der Fahrer beobachtet einen der Wasserstürze durch sein Fernglas.

»Gibt es da etwas Spannendes zu sehen?« frage ich durch sein heruntergekurbeltes Fenster.

Paßstraße Litledal-Eikesdal am 17. Juni

»Reinsdyr«, antwortet er. Rentiere!

Er überläßt mir das Fernglas und dirigiert mich an die Kante des Wasserfalls. Tatsächlich, dort oben weidet eine kleine Herde. Der Mann kennt sich aus.

»Wohnst du im Eikesdal?« frage ich ihn.

»Ja«, lautet die knappe Antwort, während er wieder durch sein Fernglas schaut. Er will nicht weiter gestört werden.

Die lange Gerade über den Höhenzug geht in Serpentinen über, die sich nach unten winden. In der dritten oder vierten Kehre findet die Tagesetappe ein unvorhersehbares, frühes Ende. Denn an diesem Aussichtspunkt kann ich unmöglich achtlos vorbeiradeln: Ich befinde mich direkt über dem Eikesdal, durch das sich ein breiter Fluß schlängelt, gesäumt von Wiesen und Nadelwäldern. Zu beiden Seiten erheben sich geschlossene Bergrücken, an den Hängen ebenfalls mit Wald bewachsen. Die Hochplateaus der Berge tragen noch Schnee, als ob jemand Puderzucker darauf gestreut hätte. Innerhalb von Minuten haben sich die Wolken über dem Eikesdal verzogen. Das Blau des Himmels und das kräftige Grün im Tal ergänzen sich prächtig. Dieser Aussichtspunkt ist ein Höhepunkt der Reise.

Neben der Kurve stelle ich mein Zelt auf einem Hügel auf, zwischen Heidekraut, Heidelbeer- und Preiselbeersträuchern.

Kochen, Klamotten trocknen, Zelt lüften, Taschen umpacken – mir fällt auf, wieviel Zeit ich mir für alle Handgriffe nehme. Zu Hause erledige ich solche Routinearbeiten meistens im Schnellverfahren, weil immer etwas Interessanteres ansteht. Aber der selbstauferlegte Zeitdruck ist längst gewichen, der Rhythmus der Natur an seine Stelle getreten. Und ich fühle mich wohl dabei. Kein Gedanke, etwas zu versäumen, belästigt mich.

Ich schreibe Tagebuch, schaue immer und immer wieder in dieses Tal. Gestern waren es die Ohren gewesen, die auf dem allein mir gehörenden Platz verwöhnt wurden, heute sind es die Augen. Die Ruhe ist beiden Orten gemein. Ich rezitiere in Gedanken das Gedicht vom Meer, fühle mich absolut entspannt.

Am späten Nachmittag passiert ein VW-Bus aus Lübeck meinen Thron, das erste Fahrzeug, das Kurs auf die Hochebene nimmt und nicht umgekehrt. Die beiden Insassen winken mir zu, als ob sie mich wiedererkennen würden. Bedaure, ich kann mich nicht erinnern.

Eine Stunde später kehrt der Bus zurück und hält in der Kehre. Der Fahrer steigt aus, steuert zielsicher auf mich zu und überreicht mir feierlich eine Bierdose.

»Wir haben Ihr Zelt gestern an dem Stausee gesehen«, spricht er mich an. »Sind Sie heute über den Paß gefahren?«

»Ja, es ist nicht ohne, aber ich kann den Trip durchaus empfehlen.«

»Der Schnee ist für unseren Bus eine Nummer zu groß«, winkt er ab und verabschiedet sich.

Dankbar schaue ich auf die Bierdose in meiner Hand. Kleine Gesten, die viel bedeuten...

»Mäh, määäh!«

Das Weckkommando trifft morgens gegen sechs ein. Sofort muß ich an die Abspannleinen denken, die ich tags zuvor über den Trampelpfad gelegt hatte. Das Mähmäh kommt näher. Schafe stehen ja nicht in dem Ruf, ausgesprochen intelligent zu sein. Sie werden doch nicht? Sie haben!

Mindestens eines der blöden Schafe ist über die Leine gestolpert. Das Zelt schwingt hin und her, aber das Gestänge fängt die Wucht ab. Ein mehrfaches, angsterfülltes Geblöke, und die Chaos-Gang sprintet davon. Ich zippe die Reißverschlüsse auf und spähe hinaus. Dort drüben stehen die Rabauken, auf dem Hügel jenseits des Weges, und äugen mißtrauisch in meine Richtung. Auf mein Händeklatschen setzt sich die Versammlung auf Nimmerwiedersehen in Bewegung.

Eine spannende Abfahrt habe ich mir da ausgesucht. Tiefe Spurrillen erfordern volle Konzentration. Sie wollen mich fortlaufend aus der Bahn drücken. Ansehnliche Steinbrocken und Geröll sorgen für Abwechslung auf der Bergseite, schräg stehende Leitplanken, unter denen das Erdreich in Bewegung geraten ist, auf der anderen.

Doch damit nicht genug: Nach fünf Minuten stoppt mich ein unbeleuchteter Kehrtunnel. Meine Lampe reicht nicht aus, um die Wendung in dem dunklen Schlund zu erkennen. Ich verspüre wenig Lust, an der harten Felswand zu landen. Es bleibt mir nichts anderes übrig, als auf einen Wagen zu warten, der mir den Weg beleuchtet.

Die erste Stunde vergeht, eine zweite. Kein Auto weit und breit. Je später der Tag, desto geringer die Chancen. Troll-Petrus hat sich für heute noch nicht zwischen Regen und Sonne entschieden. Wenn es im Litledal oder oben auf dem Paß ähnlich aussieht wie gestern, kann ich die Beleuchtung des Tunnels abschreiben. Nach der dritten Stunde kreiere ich begeisterungslos Plan B: Ich suche mir einen langen Ast, nehme das Fahrrad zwischen die Beine und tappe in das

Geschafft: die Ausfahrt des unbeleuchteten Kehrtunnels

düstere Nichts. Den Ast als Blindenstock gegen die Wand schlagend, taste ich mich vorsichtig voran. Nach kurzer Zeit verschlingt mich die Dunkelheit. Es ist ein abstoßendes Gefühl, im Inneren eines Berges so allein gelassen zu sein. Wasser tropft von der Decke, die Schuhe durchwaten Pfützen und Matsch, ich ziehe den Kopf zwischen die Schultern, um nicht Bekanntschaft mit einer vorstehenden Felskante zu machen.

Wenn das Ende des Kehrtunnels nicht von oben zu sehen gewesen wäre, hätte ich mich wohl kaum hineingewagt. So aber weiß ich, daß die Reise durch die Finsternis bald zu Ende sein muß. Wie unerträglich lang doch zehn, fünfzehn Minuten geraten können! Da, weit vor mir ein Schimmer, aber noch keine Öffnung. Tief, immer tiefer, irgendwo in der Hölle findest du dein Licht. Wer sendet diesen unheimlichen Schimmer, wer lockt, wer empfängt mich da? Die Phantasie schlägt Kapriolen, spielt Lust am Unter-

Die Hand des Trolls

gang. Aber sie leistet sich das nur, weil der Lichtschein vom Ausgang stammen muß.

Vorbei! Alles ist wieder gut. Am Eingang hatten die Knie geschlottert, am Ausgang hake ich eine Trophäe ab. Wie schnell sich der Seelenzustand verändern kann!

Das Eikesdal ist eine grüne Oase, erinnert unwillkürlich an die blühenden Gärten von Vassdalsvik: Die weitläufigen Wiesen gleichen einem Meer voll weißer, gelber, lilafarbener Tupfer. Hochgewachsene Farne leuchten in sattem Grün. In den ausgedehnten Mischwäldern plätschern vom Dickicht verborgene Bäche. Der Fluß verbreitert sich zu stillen Seen, an deren Ufer, und nicht nur dort, die Eiszeit gewaltige Findlinge hinterlassen hat. Auf ihren bemoosten Oberflächen haben Bäume und Sträucher eine Heimat gefunden. Als Blickfang und Hintergrundmusik zugleich stürzen Wasserfälle von den Bergen. Fünf astlose, bemooste Stämme eines beschnittenen Baumes hat die Zeit geformt, als ragte die Fünffingerhand eines Trolls aus dem Boden. Zum zweiten Mal innerhalb weniger Tage überrascht mich ein solch rasanter Wechsel: vom üppigen Wildwuchs auf das vegetationsarme Hochland, und dann wieder hinab in eine kunstvoll geformte, blühende Landschaft voll frischer Farben – die Vielfalt der norwegischen Natur gehört zu den eindrucksvollsten Erfahrungen dieser Reise.

Drei Siedlungen verlieren sich im Eikesdal. Zwischen die unberührten, tiefgrünen Flecken haben die Bewohner Wiesen und Felder gestreut. Wilde und kultivierte Zonen präsentieren sich in harmonischem Einklang miteinander, sieht man einmal von den Müllkippen und den Zäunen ab, die beharrlich auf Privateigentum hinweisen.

Die größte Siedlung grenzt an den See Eikesdalsvatn, der sich noch 22 Kilometer bis an das nördliche Ende des Tals fortsetzt. Auch hier scheinen naturverbundene Menschen zu wohnen, wie die farbenfrohen, akkurat gepflegten Gärten und die Kletterpflanzen an manchen Häusern beweisen. Flieder und Rhododendren stehen in voller Blüte.

Nachdem ich stundenlang durch die Wälder geschlendert bin, möchte ich heute nicht mehr weiterfahren und begnüge mich mit der relativ kurzen Etappe. Kein Zeitplan drückt mich. Ich werde auf dem Campingplatz übernachten, zum einen wegen der schönen Aussicht auf den Eikesdalsvatn, zum anderen, um mehr über das Tal herauszubekommen. Der Platz ist mit Wohnwagen vollgestopft, doch am Seeufer finde ich eine offene Stelle.

Am frühen Abend beginnt es heftig zu regnen. Der Campingwart, mit dem ich mich gern unterhalten hätte, kommt nicht. Dafür klopft ein Landsmann auf mein Zeltdach und lädt mich in seinen Wohnwagen ein. »Bei so einem Wetter im Zelt zu sitzen, das muß doch nicht sein«, meint er.

Ich lasse mich überraschen. Wir sind zu viert, die Ehefrau und ein Bekannter komplettieren die Runde.

»Was halten Sie von den vielen Wohnwagen?« beginnt mein Gastgeber das Gespräch.

»Es ist etwas eng.« Mir fällt nichts Gescheites ein. Aber das war das Stichwort. »Sehen Sie! Wir kommen seit vierzehn Jahren hierher. Das Eikesdal war immer ein ruhiger Ort. Aber seit die

Garten im Eikesdal

neue Straße gebaut ist, hat sich viel verändert. Die meisten der Wohnwagenbesitzer kommen erst noch, das gibt einen Trubel.«

Die Caravan-Burg läßt ihm keine Ruhe.

»Ich habe am Kai gar keine Fähre gesehen«, versuche ich das Thema zu wechseln. »Es sieht alles so verlassen aus.«

»Die Fähre geht nicht mehr. Haben Sie das nicht gewußt? Die neue Straße führt am Seeufer entlang. Das ist ja gerade das Problem. Früher konnte nur eine begrenzte Anzahl Autos ins Tal kommen, weil die Fähre ziemlich klein war. Über die Straße kann jetzt jeder kommen. Nächste Woche soll eine Eröffnungsfeier hier im Tal stattfinden. 5000 Leute sollen kommen. Ich glaube, an dem Tag werden wir uns verziehen.«

Ich habe begriffen. Mein Gesprächspartner lebt von der Erinnerung an die Vergangenheit. Es soll alles so bleiben, wie es einmal war. Vierzehn Jahre Urlaub am selben Fleck! Ich fühle mich ein wenig als Außenseiter. Die Unterhaltung nimmt einen anderen Verlauf als die Gespräche mit Asbjørn, Silke und Helmut oder in Nyksund.

»Können Sie mir einen Ort in Norwegen nennen, wo es noch absolut still zugeht, so wie es hier früher einmal war?«

Ich könnte ohne weiteres, aber ich bin mir nicht sicher, ob eine Aufzählung solcher Orte überhaupt genehm wäre und dem am Herkömmlichen hängenden Mann nicht Angst einjagen würde.

Glücklicherweise erfahre ich doch noch einige interessante Dinge, zum Beispiel, daß geplant ist, die Fähre während der Hochsaison wieder schippern zu lassen. Zu diesem Zweck wurde eine Aktiengesellschaft gegründet. Den Sockelbetrag steuerte die ehemalige Betreibergesellschaft bei. Viele Bewohner des Eikesdals haben bereits solche Aktien gekauft.

Die drei alteingesessenen Sippen im Tal waren sich nicht immer grün. In früheren Jahrhunderten sollen sie sich schon mal mit Äxten bearbeitet haben. Die Meinungsverschiedenheiten bestehen auch heute noch fort, weil die einen Angelgebühren einsacken und die anderen leer ausgehen. Allen gemeinsam soll ein besonderer Humor sein.

»Die erzählen dir die tollsten Geschichten, und du weißt nicht, ob sie dich jetzt verarschen oder nicht«, erklärt mein Gastgeber.

Zum Abschied hat er noch einen Tip parat: »Wenn es morgen aufhört zu regnen, fahren Sie am besten zum Mardalsfoss. Früher war der Wasserfall viermal so dick wie heute, aber jetzt haben sie ihn an ein Wasserkraftwerk angeschlossen. Außer im Juli, in den Ferien, da drehen sie angeblich voll auf. Die Leute hier sagen aber, daß er früher noch dicker war.«

Früher . . .

Leider hört der Regen nicht auf. Im Gegenteil – erstmals regnet es mehr als 24 Stunden ohne Unterbrechung. Der Regen ist so heftig, daß sich der Bach hinter dem Sanitärhaus innerhalb von Stunden in einen reißenden Strom verwandelt und einen Steg mitreißt. Auch mein Zelt ist dem trommelnden Inferno nicht gewachsen. Die Nähte lassen teilweise Wasser durch, so daß ich an drei Stellen Papier als Tropfenfänger auslegen muß.

Die anderen Gäste bedrängen mich unaufhörlich, in eine Hütte umzuziehen. Sie meinen es gut, aber die Fürsorge geht mir zunehmend auf den Nerv. Sie können sich nicht vorstellen, daß ich es im Zelt aushalten kann, weil sie es nicht aushalten würden. Ich aber kann, und schreibe seitenlange Briefe. Irgendwann wird der Regen aufhören.

Der Campingwirt läßt sich auch heute nicht blicken, und die anderen Talbewohner, die mir begegnen, scheinen nicht zu Späßen aufgelegt. Im Postamt treffe ich einen Bekannten. Ich klopfe an die Tür, trete ein und stehe in einem Wohnzimmer, in dem ein älteres Ehepaar Kaffee trinkt. Der Mann ist kein anderer als der Rentierspäher von gestern. Ich sage, daß ich Briefe aufzugeben hätte – ob ich später noch mal wiederkommen solle. Er winkt ab, nimmt seine Strickjacke und geht voran. Wir verlassen das Haus und steigen über eine Seitentreppe in den Keller, wo das Postamt untergebracht ist. Schlagartig befinden wir uns in einem ganzen Jahrhundert norwegischer Postgeschichte: Hinter dem historischen Tresen lagern nicht minder alte Stempel, Quittungsblöcke, Waagen samt Gewichten, friedlich vereint mit den vorgeschriebenen Utensilien der Neuzeit. An der Wand hängen Briefmarkensätze und Postkarten.

»Machen Sie das hauptberuflich?« frage ich.

»Ich bin jetzt pensioniert, aber wir haben die Postarbeit immer nebenbei erledigt. Für 70 Einwohner reicht das aus.«

Er ist freundlich, aber ähnlich wortkarg wie am Tag zuvor. Nachdem meine Briefe abgestempelt sind, renne ich durch den Regen zu meinem Zelt.

Am frühen Morgen ist es soweit. Ich werde wach, weil es nicht mehr prasselt. Ohne Frühstück packe ich zusammen und stecke Geld in einen Umschlag. Plötzlich trifft er doch noch ein, Thorfinn, der Campingwart. Er weckt zwei Angler. Morgens um sechs wird Schnaps ausgeschenkt. Ich lehne dankend ab. Und dann erzählt er eine dieser tollen Geschichten, vom Dynamitfischen auf dem See, was ja eigentlich verboten sei, und wie er und sein Freund zuviel Sprengstoff mitgenommen hätten und mit ihrem Boot gekentert seien. So dubios hört sich die Story gar nicht an, aber wer weiß . . .

»Seit heute soll der Mardalsfoss frei sein«, rät er mir zu einem Abstecher. »Die Ferien fangen an.«

Ob mit oder ohne Ferien – der Mardalsfoss, an den ich wenig später gelange, haut mich nicht vom Sattel. Okay, der freie Fall soll mehr als 250 Meter betragen, aber solche Wasserfälle gibt es jetzt, zur Zeit der Schneeschmelze, an allen Ecken und Kanten.

Vom »furiosen« Mardalsfoss setze ich die Fahrt zum nördlichen Ende des Eikesdalsvatn fort, wo die stillgelegte Fähre träge am Kai liegt und auf bessere Zeiten wartet.

Neun Tage im Zeitraffer

Ein paar Tage später stehe ich auf dem höchsten Punkt des Slettefjells, 1300 Meter ü. d. M. Das Besondere daran ist, daß ich mich über den Wolken befinde: Über dem südlich gelegenen Tal hängt eine dunkle Wolkenwand, und einzelne Regenschleier ziehen von links nach rechts. Der untere Rand der Wolkendecke liegt unter mir, ein erhabener Anblick. Was ich noch nicht wissen kann: Es ist der letzte Regen der Reise, der da vorüberzieht. Auf dem Slettefjell behauptet sich bereits die Sonne, und ich nutze die Gelegenheit, die Ausrüstung zu trocknen. Der Stimmungspegel steigt.

Die letzten Tage waren durchwachsen: wechselhaftes Wetter, herrliche Gebirgspassagen, aber auch langweilige Strecken zwischendurch. Das Mittsommerfest, mit dem die Norweger den längsten Tag des Jahres feiern, verbrachte ich auf einer Alm in Rondane, einem Gebirge mit gerundeten, schneebedeckten Kappen. Die Alm

Aussicht vom Slettefjell

Haverdalssetra hatte an diesem Tag gerade ihre Pforten geöffnet; ich durfte mein Zelt auf einer nahen Wiese aufstellen. Von einem Fest mit Freudenfeuer und Gesang, wie das so üblich sein soll, konnte aber keine Rede sein. Die Leute, die die Alm für drei Monate bewirtschaften und als Unterkunft für Wanderer bedienen, hatten genug damit zu tun, alles in Schuß zu bringen. Der einzige Fußwanderer, der zur Eröffnung über Nacht blieb, saß mir am nächsten Morgen beim Frühstück gegenüber, einem opulenten Mahl mit mehreren Brot- und Marmeladesorten, Käse und Wurst, Kaffee und Tee, Milch und rømme. Der Wandersmann gab mir gute Tips für zukünftige Touren und legte mir Rondane und die Femund-Region ans Herz, die nicht weit entfernt liegt. Nach einer Anstandspause verabschiedete er sich höflich. Er hatte nicht damit gerechnet, daß ich ein weiteres Mal der leckeren Schafswurst zusprechen würde.

Nach einer faden Teilstrecke, die mich durch das obere Gudbrandsdal führte, bog ich in Vinstra zum Jotunheimvei ab. Jotunheimen ist Norwegens höchstes Gebirge, der Berg Galdhøpiggen überragt mit 2469 Meter alle anderen Gipfel. Der Jotunheimvei erreicht diese Maße nicht. Er bewies mir, daß das Höchste nicht automatisch das Tollste seine muß. Die Fahrt von Litledal nach Eikesdal oder die hinauf nach Rondane waren wesentlich spannender als der vielgepriesene Schotterweg über das »Dach Norwegens«.

Ob Rondane, Jotunheimen oder Slettefjell: Allen Paßstraßen gemein sind die holprigen Schlaglochpisten. Das Mountain-Bike bewährt sich auf diesem Untergrund und trägt mich zuverlässig voran. Die hochprozentigen Steigungen kann die vielgängige Schaltung zwar entschärfen, doch die notwendige Muskelkraft ersetzt sie nicht. Unten im Tal ist das Jammern immer groß, oben die Selbstzufriedenheit um so heftiger und die Freude auf den nächsten Anstieg kaum zu zähmen. Inzwischen habe ich weitere Strategien erfunden, um mich beim Anstieg von den Serpentinen abzulenken. Ich singe Lieder aus den 20er Jahren, wie zum Beispiel »Das kann doch einen Seemann nicht erschüttern«. Hilft alles nichts, so reagiere ich die Anspannung in bewährter Manier ab, indem ich Kehren zähle oder lauthals fluche.

Jetzt besteht allerdings kein Grund zum Fluchen. Die lange Abfahrt vom Slettefjell entwickelt sich zum feinsten Genuß. Unten erwartet mich eine Mautstation, an der motorisierte Verkehrsteilnehmer abkassiert werden. Der Bau neuer und die Wartung bestehender, wettergeplagter Paßstraßen kostet eine Menge Geld, das zum Teil über Benutzungsgebühren aufgebracht wird. Als ich angerauscht komme, öffnet die Frau, die in dem kleinen Häuschen sitzt, die Schranke und winkt mir zu: Fahrradfahrer müssen nichts bezahlen.

Im Tal treffe ich auf die E 68, die Hauptverkehrsstraße zwischen Oslo und Bergen. Erfreulicherweise ist sie nicht so stark befahren wie die E 6. Dafür sind hier überraschend viele Radwanderer unterwegs. Die Feriensaison bricht an.

Vor einigen Tagen bereits hatte ich zwei Kollegen aus Ostdeutschland getroffen – die eindrucksvollste Begegnung dieser Art: Mit gewöhnlichen Fahrrädern – das eine besaß vorn nur einen Zahnkranz – mühten sie sich die Steigungen hinauf und mußten schieben, wenn es zu steil wurde. Ihre Packtaschen hatten sie in Plastikplanen gewickelt, um sie vor Regen zu schützen. Mit ihrer schlichten Ausrüstung reisten sie jetzt durch Norwegen und nahmen alle Schwierigkeiten in Kauf, um ihren Traum zu verwirklichen, der ihnen so lange versagt worden war.

Nachdem ich Christiane und Viggo in Nyksund kennengelernt hatte, war dies das zweite Mal während meiner Reise, daß ich Menschen bewunderte. (Lange war ich mir unschlüssig, ob ich diese Sätze schreiben sollte. Ständig hatte ich das Bild vom eingebildeten Besserwessi im Kopf, der dem kleinen Bruder auf die Schulter klopft. Nur, diese Bewunderung empfand ich spontan, sie kam aus meinem tiefsten Innern, und deshalb darf ich gewiß davon berichten.)

Die Europastraße begleitet zunächst einige Seen, bevor sie das Filefjell überquert. Danach steigt sie in das Lærdal hinab, das am gleichnamigen Fjord endet.

Entlang der E 68 ist man auf Touristen eingerichtet. Das unterstreichen die zahlreichen Tafeln, die auf Sehenswürdigkeiten hinweisen. Eins dieser Schilder erregt meine Aufmerksamkeit: Sowohl auf dem Filefjell als auch im Lærdal sind mehrere Etappen alter Postkutschen-Wege erhalten. Die älteren Strecken wurden ab 1791 gebaut, die jüngeren ab 1843. Keine Frage: Wo damals Postkutschen durch die Lande klapperten, bin ich gerade recht.

Der höchste Punkt der E 68 auf dem Filefjell liegt bei 1004 Meter ü. d. M. Kurz danach zweigt links der historische Postkutschen-Weg ab, der den Namen Königsweg, kongevegen, trägt, weil die Regenten hier einst zwischen den beiden Metropolen des Landes pendelten. Sehr königlich komme ich mir allerdings nicht vor, als ich versuche, den buckligen, steilen Weg zu bewältigen. Es ist härteste Maloche.

Unterwegs scheuche ich einen Lemming auf und begegnen mir Schafe auf Freßtour. Das faszinierendste Erlebnis hebt sich das Filefjell allerdings für den kommenden Tag auf.

Am liebsten würde ich ihn gar nicht mehr aufgeben, den stillen Zeltplatz, von dem eine gewaltige Hochfläche zu überblicken ist. Aber wenn ich solchen Wünschen immer nachgegeben hätte, weilte

Auf dem alten Postkutschen-Weg über das Filefjell

ich jetzt noch an der Küstenstraße oder neben dem zugefrorenen Stausee über dem Litledal. Auch auf dem Filefjell liegt Schnee: Verwehungen schieben sich über den Weg, heften sich an die Hänge. Hinter einer Kuppe bleibe ich wie angewurzelt stehen: Unten weidet eine riesige Herde Rentiere. Einige Tiere haben sich träge auf Schneefeldern niedergelassen, als suchten sie Abkühlung und seien von der unbarmherzigen Sonne genervt. Doch alles vorsichtige Herantasten ist vergebens. Die scheuen Tiere nehmen Reißaus, als sich der Zweibeiner auf zwei Rädern nähert.

Andere Zweibeiner lassen sich nicht blicken. Im Gegenteil: Am Wegesrand hängt ein Briefkasten, in dem Notizblock und Bleistift liegen. Wer vorbeikommt, trägt sich ein. Nach einer Gruppe von vier Wanderern, die sich vor vier Tagen verewigt haben, bin ich erst der zweite bzw. der fünfte, der sich 1991 auf den historischen Transportweg verirrt hat.

Die letzten Schneefelder ziehen sich nur zögernd zurück

Auch die nächste Nacht verbringe ich an einem dieser Wege, Vindhella im Lærdal. Apropos Nacht: Obwohl weit unterhalb des Polarkreises, sind die Nächte, gemessen an vertrauten Verhältnissen,

Vindhellavegen

unverändert hell. Die Dämmerung hält drei bis vier Stunden an – das ist die ganze Nacht.

Zurück zu Vindhella: Geradezu ästhetisch geschwungen schlängelt sich der grasbewachsene, bestens erhaltene Pfad durch eine abschüssige Schlucht. Die Pferde, die auf diesen Gefällstrecken eingesetzt wurden, müssen von robuster Natur gewesen sein.

Vindhella endet an der E 68, die westwärts auf den Fjord zuhält. Nach wenigen Kilometern verengt sich das Lærdal zu einer engen Schlucht. Den Talgrund beherrscht Lærdalselva, der als guter Lachsfluß bekannt ist. An den Felsen kleben Holzstege und Treppen, um den Anglern alle Stromschnellen zugänglich zu machen. Die Trasse der Europastraße mußte in den Fels gesprengt werden. Sie durchquert einige kurze Tunnel.

Die Erbauer von Königs- und Postkutschen-Wegen hatten noch kein Dynamit zur Verfügung und mußten auf die Hänge ausweichen. Auf der Nordseite sollen einige halsbrecherische Abschnitte erhalten sein, die nur mutigen Wanderern empfohlen werden. Auf

Das Lærdal wird zur Schlucht

Blick vom zugewachsenen Postkutschen-Weg auf den Wasserfall Sjurhaugfossen

der Südseite hingegen verläuft ein ebener, zugewachsener Weg, wie geschaffen für einen Trip durch der Trolle verwunschene Welt. Durch das dichte Geäst erspähe ich einen Wasserfall, der am Nordhang abwärts rauscht, daneben eine kleine Alm mit vier Gebäuden. Ich setze mich auf einen Fels, direkt über dem Abgrund, und schaue mich satt, wohl wissend, daß der Hunger bald wieder aufleben wird. Es mag der hundertfünfzigste Wasserfall sein, den ich da betrachte, aber ich kann unmöglich genug bekommen.

Die Sonne brennt auf das Lærdal, das sich bis zum Fjord wieder verbreitert und Wiesen und Feldern Platz gewährt. Die Bewässerungsanlagen, die die Äcker besprengen, muten nach all meinen Erlebnissen im Reich des Regens wie eine Sensation an. Neben der

Tür des Gemischtwarenladens, in dem ich einkaufe, hängt ein Thermometer, das sage und schreibe 23 °C anzeigt. Es ist Sommer!

Unterwegs treffe ich zwei Radwanderer wieder, die ich unterhalb des Slettefjells überholt hatte, als sie gerade eine Brotzeit einlegten. Das Wiedersehen ist Grund genug, anzuhalten und die Routen zu vergleichen. Die beiden haben nur zwei Wochen Zeit, weshalb ich sie frage, wie sie die lange Anreise bewerkstelligt haben. »Einmal wöchentlich geht ein preiswerter Charterflug Fagernes–Frankfurt und zurück. Wir müssen zwar dann von Frankfurt nach Düsseldorf, aber bei dem Preis und der kurzen Flugzeit lohnt sich das allemal.«

Zwei Stunden Flug bis Frankfurt, das nur wenige Kilometer von meiner Heimatstadt entfernt liegt! Und Fagernes ist vom voraussichtlichen Endpunkt meiner Reise ohne endloses Fahren zu erreichen. Ich hatte mich im Bahnhof Vinstra über die Reisemodalitäten mit der Bahn erkundigt und war durch den umständlichen und teuren Transport abgeschreckt worden. Vielleicht ist die Telefonnummer der Agentur, die die beiden Kollegen dabeihaben, noch Gold wert.

Der Lærdalsfjord ist eine der innersten Verzweigungen des Sognefjords. Er liegt gut 200 Kilometer von der Küste entfernt. Ich befinde mich jetzt mitten im westnorwegischen Fjordland.

Die E 68 führt ein Stück am Sognefjord entlang, bevor in Revsnes endgültig Schluß ist. Hier legen Autofähren und Schnellboote aus allen möglichen Richtungen an. Mein Ziel sind die Ortschaften Aurland und Flåm, von wo aus das Finale eingeläutet werden soll. Der Aurlandsfjord zweigt südwestlich von Revsnes ab und ist der südlichste Seitenarm des breiten Sognefjords.

Die Fährfahrt soll vier Stunden dauern, weil keine direkte Verbindung zwischen Revsnes und Aurland besteht. Zunächst steuert die Fähre Gudvangen an, das am Ende des Nærøyfjords liegt, diesmal ein Seitenarm des Aurlandsfjords.

Es ist eine neue, ungewohnte Perspektive, die grandiose Fjordlandschaft einmal vom Wasser aus betrachten zu können. Vor allem der Nærøyfjord hat es uns Passagieren angetan, weil die schroffen, überraschend grünen Felsen ständig näher an das Schiff heranrükken. Fast 1300 Meter erreichen die Gipfel. Die Fotoapparate laufen heiß. Unter den Fahrgästen befinden sich übrigens Japaner und US-Amerikaner, ein sicheres Zeichen, daß ich vorübergehend auf eine der gängigen Touristenrouten geraten bin. Die Gesellschaft der organisierten, immer wieder in Busse verpackten Haster beschert mir einige pikante Beobachtungen. Sie bildet den denkbar größten Kontrast zur Individualreise. Eher harmlos ist die Unterhaltung mit einem Rendsburger, der unruhig über Deck spaziert, um sich Gesprächsopfer auszusuchen. »Siebeneinhalb Wochen allein? Ich glaube, das könnte ich nicht, ich müßte mit jemandem reden«, versichert er glaubhaft. Eine Ankündigung seines Reiseleiters rettet mich.

Unangenehmer fallen die großen Brüder und Schwestern aus Übersee auf, die sich ungeniert vor die Objektive der Mitreisenden drängen. »Uh, there's a cow«, tönt es von links nach rechts. Ist doch nicht zu fassen: eine Kuh in Norwegen.

In Gudvangen heißt es umsteigen. Am Kai wartet eine neue Busladung: Spanische Señoritas erholen sich. Einige bekreuzigen sich, bevor sie das Schiff betreten.

Es geht zurück durch den Nærøyfjord, dann biegt die Fähre endgültig in den breiteren Aurlandsfjord ein. Am Ufer leuchten vereinzelt saftiggrüne Parzellen auf. Dort scheinen die Menschen den Kampf mit der Natur noch nicht aufgegeben zu haben. Die meisten der Anwesen sehen aber verlassen aus und dienen wahrscheinlich als Feriendomizile.

Obwohl die Fähre Radler und Fußgänger bis Flåm mitnimmt, gehe ich in Aurland von Bord. Ich möchte noch einmal allein sein. Die Fahrt nach Flåm bringt die ersehnte Ruhe, abgesehen von ein paar Jugendlichen, die ihren aufgemöbelten Straßenkreuzer am Ufer parken. Auf der Motorhaube stehen Bierflaschen: Freizeitgestaltung am Freitagabend.

Der Campingplatz in Flåm ist gut belegt, die Hochsaison in vollem Gange. An der Rezeption liegt ein Brief meines Freundes Birger, mit dem ich die Abschlußetappe gemeinsam unternehmen wollte. Leider hat der Arbeitgeber nicht mitgespielt und seinen Urlaub gestrichen. Ich hatte die schlechte Nachricht bereits am

Telefon vernommen, als wir einen Termin absprechen wollten. Schade, auf ein Neues.

Wochenlang hatte mich fast jede Nacht ein Rauschen in den Schlaf gesungen, entweder von einem Bach, Fluß oder Wasserfall. Heute sind es völlig andere Töne, die das Wiegenlied anstimmen: Flåm ist Schlußpunkt einer Eisenbahnstrecke, die von der Hardangervidda hinunter an den Fjord führt. Die ganze Nacht über signalisieren Sirenen Ankunft und Abfahrt der Züge – eine günstige Gelegenheit, mich daran zu gewöhnen, denn die Eisenbahn wird in den nächsten Tagen mein Begleiter sein . . .

Auf der Hardangervidda

Finale! Das letzte große Reiseziel steht bevor, die Fahrt über die Hochebene Hardangervidda. (Der Begriff »Hochebene« sollte nicht irreführen, weil sich durchaus Berge auf ihr erheben; die Höhe der Ebene sinkt aber kaum je unter 1000 Meter.) Als um die Jahrhundertwende die Eisenbahn von Oslo nach Bergen geplant wurde, legte man einen Versorgungsweg neben der geplanten Trasse an, um Arbeiter, Material und Verpflegung auf die Hochfläche zu transportieren. Der Bauabschnitt über die Hardangervidda geriet zum nationalen Ereignis, weil man dort oben mit der rauhen Natur, sprich den berüchtigten langen Wintern zu kämpfen hatte. Doch die Fjorde gestatteten keine Alternativrouten. Und so rangen die Arbeiter zehn Jahre lang mit Lawinen, Schneeverwehungen und den Bergen, durch die kilometerlange Tunnel getrieben werden mußten. Mit dem herausgebrochenen Gestein schütteten sie die Dämme auf. Sprengstoff gab es zwar, Maschinen aber kaum, so daß die meiste Arbeit mit den Händen und einfachsten Hilfsmitteln verrichtet werden mußte. Die erste »Bergenbahn« fuhr 1908.

Seitdem sind die Züge schneller und bequemer geworden, aber eines hat sich nicht verändert: Während der strengen Wintermonate kann es durchaus passieren, daß die Eisenbahn einschneit und der Fahrplan bedeutungslos wird. Der letzte Schnee fällt normalerweise im Mai, der erste im September.

Der Transportweg verfiel, bis er in den 70er Jahren auf Initiative des Norwegischen Jugendherbergswerks wiederhergestellt wurde. Seitdem können auch Radfahrer die Hardangervidda in Ost-West-Richtung oder umgekehrt überqueren, sofern die Schneeverhältnisse es zulassen.

Deswegen steht die Fahrt, die ich unbedingt unternehmen wollte, am Ende meiner Reise. Wir schreiben den 29. Juni. Ich hoffe, daß der Weg jetzt frei ist.

Leider hat die Besitzerin des Campingplatzes schlechte Nachrichten: »Du bist zu früh dran. Der Fahrradweg ist noch nicht durchgehend offen.«

Ich schwanke zwischen Entsetzen und Trotz: »Wie weit kann ich denn fahren?«

»Der Weg verbindet fünf Bahnhöfe: Flåm, Myrdal, Hallingskeid, Finse und Haugastøl. Zwischen Hallingskeid und Finse ist er gesperrt, da liegt noch zuviel Schnee. Das ist die Problemstrecke. Es gibt Jahre, in denen der Schnee dort überhaupt nicht taut.«

Aber sie hat einen Trost für mich: »Mittlerweile kommen so viele Radfahrer, daß man dieses Jahr zum ersten Mal einen Fahrradzug ausprobiert. Der fährt seit letzter Woche, und mit dem kannst du die Etappe nach Finse überbrücken. Die meisten anderen Züge nehmen für eine so kurze Strecke keine Fahrräder mit.«

Wenigstens etwas. Doch vor dem Aufbruch muß ich einkaufen. Als ich auf den Sattel steige, merke ich augenblicklich, daß etwas nicht stimmt: ein Plattfuß. Die erste Panne während der gesamten Reise. Ich darf mich nicht beklagen. Also ziehe ich den Reserveschlauch auf und flicke den beschädigten. Das Loch geht durch und durch, so daß der Flicken nur schlecht anzupressen ist. Hoffentlich hält er, für alle Fälle.

Nach Reparatur und Einkauf geht es bereits auf Mittag zu. Vor der Abfahrt will ich es einmal mit der Telefonnummer versuchen, die mir die beiden Radler im Lærdal weitergegeben hatten. Nein, Herr Medik sei heute nicht zu erreichen. Ich solle es am Montag probieren. Pech gehabt, montags werde ich auf der Hochebene weilen. Aber die Hardangervidda ist mir wichtiger als die Klärung der Abreise.

Eisenbahn im Flåmsdal

Das Bahnhofsgebäude, auf dem das Telefonhäuschen steht, ist voller Leben. Wie auf der Fähre bestimmen Asiaten und Amerikaner das Bild. Im angrenzenden Hotelgarten spielt ein Blasorchester »What shall we do with the drunken sailor«. Die Sonne lacht, die Menschen sind aufgedreht. Habt Spaß miteinander, aber verschont mich. Solch einen Auflauf bin ich nicht mehr gewöhnt. Flucht...

Die erste Teilstrecke führt durch das Flåmsdal. Das Tal selbst hält dem Vergleich mit einem Sunndal, Litledal oder Eikesdal nicht stand, abgesehen von der Eisenbahntrasse. Die Fahrt mit der Flåmsbahn ist bestimmt ein Ereignis. Sie durchquert mehrere Tunnel und klebt verwegen an schroffen Bergen. Der weibliche Campingwart hatte mir erzählt, daß der Zug unterwegs anhalte, weil ein Wasserfall direkt auf die Schienen zuschieße. Die Fahrgäste dürften sogar für kurze Zeit aussteigen und das Schauspiel aus der Nähe betrachten.

Mir kommen Legionen von Wanderern und Radfahrern entgegen, die offensichtlich mit der Bahn nach Myrdal gefahren und nun auf dem Rückweg sind. Ich scheine der einzige zu sein, der den umgekehrten Weg gewählt hat. Vielleicht, weil es ständig bergauf geht? Insgeheim freue ich mich darüber, gegen diesen Touristenstrom zu schwimmen, zu radeln – ein Spiegelbild der ganzen Reise, eine Bestätigung, auf dem »richtigen« Weg zu sein.

Wie gesagt, der Fahrweg steigt an, liegt meist tiefer als die Eisenbahnschienen. Woher die 865 Meter Höhendifferenz zwischen Flåm und Myrdal kommen sollen, von denen ich las, ist mir jedoch nicht ganz klar – bis das Tal plötzlich zu Ende ist.

»Djevel – Teufel«, der einzige Fluch auf norwegisch, den ich kenne.

In unzähligen Serpentinen klettert eine Schotterpiste nach oben. Und was macht die Eisenbahn? Den Löchern im Berg nach zu schließen durchfährt sie mindestens einen Kehrtunnel, um die notwendige Höhe zu erreichen.

Der Fahrweg ist für motorisierte Fahrzeuge gesperrt. Aus gutem Grund: Die Steigung beträgt mehr als 15 Prozent, und von einem Belag zu sprechen, wäre reiner Hohn. Das lose Gestein macht alle Fahrversuche zunichte. Ich muß schieben, sicher zwanzig Kehren. Es ist die Hölle, die größte Strapaze bisher überhaupt. Jede der engen Kurven erfordert einen Anlauf, neue Überwindung, neues Kraft-Tanken. Das Fahrrad rutscht weg. Ich finde keinen Halt, muß das hingefallene Gewicht hochstemmen. Pause, trinken. Irgendwann höre ich auf, die vermaledeiten Kurven zu zählen, und drücke wie benommen die schwere Last aufwärts, weiter und weiter. Es nimmt kein Ende.

Es nimmt ein Ende. Aber die Erinnerung an das Geleistete fehlt. Hätte sich der Kopf nicht ausgeschaltet, wäre ich unterwegs vielleicht streikend niedergesunken und hätten Beine und Arme die

Viadukt der Bergenbahn

Arbeit verweigert. Welche Tortur. Nicht einmal der Blick auf das Tal ist diesmal eine angemessene Entschädigung für die Anstrengungen. Und schon heißt es Kraft sammeln für den Neubeginn, für die nächsten Kilometer. Wer weiß, was noch bevorsteht?

Doch es ist vorbei. Der Weg gabelt sich, die Karte schickt mich nach links. Moment mal! Wo bleibt eigentlich Myrdal? Ohne Karte hätte ich mir eine Ehrenrunde aufgehalst. Ich muß gar nicht nach Myrdal! Der Bahnhof liegt weiter bergauf. Die Gleise laufen über mir am steilen, blanken Fels entlang, in den die Trasse gesprengt ist. Behelfskonstruktionen aus Metall sichern die bloßgelegte Linie vor Wettereinflüssen. Sie gleichen Ersatztunneln mit Blick ins Tal. Die Trasse dreht ab und verschwindet hinter einer Biegung gen Myrdal. Die Karte belegt, daß die Bergenbahn hinter Myrdal sofort einen Tunnel durchquert, um später auf meinen Transportweg zu treffen. Kein Grund also für einen Abstecher hinauf zum Bahnhof.

Die nächsten Kilometer gleichen einer Spazierfahrt. Ich überquere die Gleise, passiere ein häßliches, deplaziertes Hotel und –

befinde mich in der Wildnis. Der Weg ist in gutem Zustand, begleitet auf ebener Erde von zwei Seen, Reinungavatn und Seltuftvatn. Noch befinde ich mich unterhalb der Baumgrenze, aber die Vegetation wird karger, die Luft kühler. Dunkle Wolken haben die Sonne verdrängt, drohen mich zu überholen.

Am Ende der Seen angekommen, ist es mit dem gemütlichen Teil vorbei. In erträglichen Serpentinen erklimmt der Weg eine Kuppe, um sich in einer engen Schlucht fortzusetzen. Haushohe Findlinge wachen über die Einfahrt. Die Hänge sind matt bemoost, wirken mehr dunkelbraun als grün. Die trüben Farben und die verbliebenen Schneefetzen, 30 Stunden vor dem ersten Julitag, beweisen, welche Macht die kalte Zeit besitzt.

In der unwegsamen Schlucht haben sich die Restauratoren einiges einfallen lassen müssen. Der Wildbach, der schäumend abwärts springt, beansprucht die Senke für sich allein, so daß der Weg auf den Hang ausweichen muß. Über fünfzehn Meter ist die Aufschüttung des Pionierpfades weggebrochen. Eine Holzbrücke überquert das gähnende Loch, eng an den Fels geschmiegt. Über eine weitere Brücke wechsle ich auf die linke Seite des reißenden Wassers – und schaue auf eine steil abfallende Schneewand, die sich quer über den Fahrweg schiebt und wenige Zentimeter vor dem rechten Rand endet. Tauwasser tritt unter der vereisten Kante hervor, um in Rinnsalen abzufließen, dorthin, wo der Wildbach rauscht. Umtragen scheidet aus; das Terrain ist viel zu abschüssig. Notgedrungen klettere ich auf die schräge, weiße Wand und kraxle gebückt über die vereiste Oberfläche, gleichzeitig das Rad auf dem schmalen Grat balancierend.

Die Szenerie wird immer unbändiger, und die Wolken haben mich fast eingeholt. Ich treffe auf einen Kessel, in den zwei Stromschnellen über glattgeschmirgelte Felsbuckel hineintosen. Sie rühren die hellblaue Wassersuppe kräftig um und setzen ihr eine Schaumkrone auf. Über einen der beiden Wasserstürze spannt sich ein kleines Viadukt: Die Bergenbahn begrüßt mich. Rechter Hand verschwinden die Gleise in einem hohen Tunnel, links der Überführung setzen sie sich auf einem steinigen Damm fort, den der Fahrweg nach kurzer Zeit unterquert.

Still und friedlich, aber kalt: Zeltplatz am Klevavatn (958 Meter ü. d. M.) – links die Wellblechtunnel der Bergenbahn

Die Landschaft öffnet sich und gibt ein Tal mit See frei, das von weißgefleckten Bergen eingerahmt wird. Am Seeufer lacht mich ein idyllischer Zeltplatz an: eine kleine Wiese, umgeben von halbmeterhohem Gesträuch. Am Hang verlaufen die Gleise der Bergenbahn, durch Blechhallen vor Schneeverwehungen geschützt, nur in Höhe meines Lagers über eine längere Strecke hinweg unverpackt.

Zwei kalte Nächte bleibe ich auf dem heimeligen Plätzchen, wandere, faulenze, genieße die Abgeschiedenheit und sammle Müll – die größte meiner Plastiktüten reicht gerade aus, um die Überreste der letzten Saison einzusacken: Kaffeedosen, Lakritztüten, Fischbüchsen, Chipstüten und Bierdosen, fast alles Dinge, die nicht auf dem Packzettel von Radwanderern stehen. Die Zusammenstellung verrät, wessen Geistes Kinder hier campierten: »Eine Radtour über die Hardangervidda, 92 Kilometer pure Natur, geiles feeling, mal was anderes, aber auf die Bequemlichkeit verzichten wir nicht.

Warum den Müll mitschleppen? Wird schon verrotten. Ex und hopp. Abgehakt. Was machen wir nächstes Wochenende, nächsten Urlaub?«

Der frühe Termin, zu dem ich unterwegs bin, bewahrt mich vor der Bekanntschaft solcher Ferkel. Die einzigen Menschen, die mir begegnen, sind Personal und Fahrgäste der Bergenbahn, die je Richtung siebenmal täglich vorbeihuscht, und zwei Angler, die aus Hallingskeid hergelaufen sind, aber lieber träge im Gras liegen, als den Haken auszuwerfen.

Der Himmel präsentiert sich heiter bis wolkig. Die Berge zwischen Myrdal und hier scheinen eine Wettergrenze zu bilden, die nicht nur die dunklen Wolken zurückhält, sondern sogar die Sonne ins Hochtal bittet. Nur nachts, da wird es frostig. Ich liege mit zusätzlichen Klamotten im Schlafsack.

Tags darauf hält der Sommer auf der Vidda Einzug. Die Wolken sagen ade. Beschwingt steige ich aufs Rad. Hallingskeid, ich komme. Die Landschaft verändert sich vorerst nicht, aber das Blau des Himmels macht sie freundlicher, lebendiger. Der Schnee glänzt im Sonnenlicht. Mit jedem Meter, den der Weg ansteigt, werden die Schneefelder größer und reichen näher an die Piste heran.

Kurz vor Hallingskeid schiebt sich eine gewaltige weiße Zunge über den Wegrand nach unten. Auch diesmal muß das Rad über den Schnee. Die Zunge fällt dermaßen steil ab, daß ich die Überquerung weiter unten wagen muß. Also zurück und schräg den Hang hinunter. Der Schnee ist fest und bereitet keine Probleme – ein nettes, kleines Abenteuer, das Abwechslung in den Radfahreralltag bringt. Daß sich die Abwechslung zum Alltag wandeln wird, kann ich jetzt noch nicht ahnen.

Hallingskeid (1110 Meter) besteht aus einigen Häusern, die wohl nur in der Hochsaison bewohnt sind. Heute ist die Ortschaft leer, kein Mensch zu sehen. Doch mich beschäftigen andere Fragen: Wo ist der Bahnhof? Und wo ist die Sperrung?

Der Fahrweg scheint sich fortzusetzen, ohne daß eine Schranke oder ein Schild etwas dagegen haben. Im Gegenteil: Im Hintergrund ist deutlich zu erkennen, daß der Schnee geräumt wurde. Habe ich wieder solches Glück wie auf der Fahrt ins Eikesdal?

Der Bahnhof kann nur in den Blechtunneln verborgen sein, die 70 Meter über mir aus dem Schnee ragen. Ich will mich dort erkundigen, lasse das Rad stehen, nehme die pralle Mülltüte und die Lenkertasche und mache mich auf den Weg.

Fünf Minuten dauert es, bis ich den Eingang gefunden habe. Ein Bahnhof im künstlichen Tunnel! Aber er ist unbesetzt. Außer zwei Arbeitern, die an einem Güterwaggon hantieren, ist niemand zu sehen. Die beiden sagen, der Weg nach Finse sei zwar nicht gesperrt, aber es liege noch viel Schnee.

Während ich darüber nachdenke, was ich jetzt machen soll, fällt mein Blick auf ein Münztelefon, das an der Wand hängt. Warum nicht? Ich versuche es beim Flughafen Fagernes, habe jenen Herrn Medik gleich am Apparat. Die nächste Maschine fliege am Mittwoch. Das ist übermorgen. Ob noch ein Platz frei sei? Und wie es nächste Woche Mittwoch aussehe? Das könne er jetzt nicht beantworten, aber er glaube, daß diese Woche ein Platz frei geworden sei. Ob ich in zehn Minuten noch einmal anrufen könne? Ich kann.

Im Warteraum hängt eine Fotografie an der Wand. Sie zeigt eine eingeschneite Lokomotive, die in den 30er Jahren neun Tage lang auf der Hardangervidda festsaß. Die Arbeiter, die Schaufeln in der Hand halten, schauen ernst in das Objektiv.

Die zehn Minuten sind um. Ja, diese Woche sei ein Platz frei, nächste Woche nicht. Ich muß mich entscheiden und sage spontan zu. Ob er meine Bestätigung benötige? Ja, aber er brauche etwas Schriftliches. Brief oder Telefax, das sei egal. Okay. Ich erkläre ihm, wo ich mich gerade befinde und daß er voraussichtlich erst morgen die Bestellung bekäme.

Die Gedanken kreisen in meinem Kopf. Die Bestellung muß hin, aber ich bin nicht bereit, diese Eile auf den weiteren, wenn auch kurzen Verlauf der Reise zu übertragen. Insgeheim habe ich nämlich längst beschlossen, die Etappe nach Finse zu wagen.

Mittlerweile ist ein Zug eingefahren, ausgerechnet jener Fahrradzug, von dem ich in Flåm hörte. Zwei ältere Semester steigen aus und schieben ihre Fahrräder zum Ausgang. Der Schaffner schlendert hinter ihnen her, als lege der Zug hier einen längeren Aufenthalt ein. Das ist die Chance! Papier, Kuvert und Briefmarke trage ich in der Lenkertasche bei mir. Nachdem ich die Platzbestellung geschrieben habe, schildere ich dem Schaffner mein Problem und frage ihn, ob er den Brief nicht am Zielbahnhof in einen Briefkasten werfen könne. »Selvfølgelig – selbstverständlich«, lautet die Antwort.

Ein Bahnschaffner, der als Postbote einspringt, wird automatisch zur Vertrauensperson: »Meinst du, daß man mit dem Fahrrad nach Finse kommt?«

Er mustert mich nachdenklich. Mit einer solchen Frage hat er nicht gerechnet: »80 Prozent Schnee«, antwortet er knapp.

Ich schaue ihn beharrlich an, als könnte ich ihm noch eine positivere Antwort entlocken. »Aber du kannst es versuchen«, gibt er mir auf den Weg mit.

Die »80 Prozent Schnee« wirken nach. Ich beschließe einen Kompromiß. Ich werde so weit radeln, wie der Fahrweg geräumt ist, und dann weitersehen.

Mehr als vier Meter türmt sich der Schnee, den die Fräsen aufgeschleudert haben. Während ich tief beeindruckt zwischen diesen engen Mauern vorwärtsschleiche, kommt mir ein Mann auf einem Rennrad entgegen. Sein Oberkörper ist entblößt.

»Hei«, begrüßt er mich lachend, »erkennst du mich wieder?«

Ich grüble, würde das peinliche »Nein« gerne hinauszögern.

»Wir haben uns neulich bei Aurland getroffen. Ich hab dich gefragt, ob du hier hoch willst.«

Jaaa, ich erinnere mich. Doch wir haben Interessanteres zu bereden als Gedächtnislücken. Ivar Hårklan kommt gerade aus Finse und hat die dubiose Etappe demnach fast hinter sich. Ich frage ihn nach dem Zustand der Strecke.

Er zückt eine topographische Karte und erläutert minuziös die gesamte Etappe: »Da vorne wird ein neuer Eisenbahntunnel gebaut. Bis dahin ist der Weg geräumt. Danach liegt fast nur noch Schnee. Aber der ist hart genug, daß du darauf laufen kannst, zum Teil kannst du sogar fahren.

Dort mußt du über die Schienen, es geht ein Stück hoch, das ist der höchste Punkt. Da steht ein Militärfahrzeug, mit dem sie über den Schnee gefahren sind, aber das hat nichts gebracht, du wirst es ja sehen. Der Rest ist ziemlich flach. Und ab hier ist wieder geräumt.«

Ich habe nur die Hälfte behalten können, weil er sehr schnell gesprochen hat und ich nicht alles verstanden habe. Wichtiger als Details ist mir aber die Antwort auf meine Frage: »Also meinst du, daß ich fahren kann?«

»Klar«, strahlt er mich an. »In zwei Stunden bist du über das Gröbste weg.«

Ivar macht keine Anstalten, das Gespräch zu beenden, fragt mich statt dessen über meine lange Reise aus. »Toll«, sagt er mir zum Abschied. »Bitte schicke mir ein Exemplar, wenn das Buch fertig ist. Ich gebe dir das Geld jetzt gleich.« Schon fingert er an der einzigen Packtasche, die an seinem Flitzer hängt.

»Nein, bitte nicht«, muß ich abwehren, »wenn alles klappt, erscheint das Buch frühestens im nächsten Jahr.«

Also muß ich mir seine Adresse aufschreiben. Was ich gern tue. Der Mann bringt eine spontane Herzlichkeit rüber. Er paßt so gar nicht in die Schublade vom zurückhaltenden Norweger, der zwar freundlich und hilfsbereit ist, aber nur mühsam zu Emotionen oder persönlichen Äußerungen zu bewegen ist. Ich habe während meiner Reise mehrere Norwegerinnen und Norweger getroffen, auf die diese Charakterisierung nicht zutrifft. Aber Ivar ist von allen der Lebhafteste. Er wirkt auf mich beinahe südeuropäisch.

»God tur!« wünschen wir uns gegenseitig.

Ich fahre um die Kurve, es knallt, und mit einem Schlag ist der hintere Reifen ohne Luft. Ivar scheint den Lärm nicht gehört zu haben, sonst käme er sicher zurück. Wortlos betrachte ich das Malheur. Der Mantel ist großflächig aufgeritzt, der neu aufgezogene Schlauch sogar aufgeplatzt. Fast acht Wochen habe ich den Reservemantel mitgeschleppt und mich nie darüber beschwert. Jetzt werde ich dafür belohnt. Ich hätte die Reise sonst hier abbrechen und das Rad nach Hallingskeid zurückschieben müssen.

Während ich den Ersatzmantel und den in Flåm geflickten Schlauch aufziehe, biegen zwei Fußgänger um die Kurve. Der blanke Oberkörper scheint dazuzugehören, wenn die Temperatur

20 °C überschreitet. Die beiden haben weder Rucksäcke noch andere Wanderausrüstung bei sich.

»Wo wollt ihr denn hin?« frage ich neugierig.

»Wir arbeiten auf der Baustelle«, grinst mich der eine an. Die Sonne verbreitet gute Laune.

Ob ich es heute nach Finse schaffe? Nach all den angenehmen und unliebsamen Unterbrechungen kommen mir langsam Zweifel.

Hinter der Baustelle ist es soweit. Der Weg verschwindet zweimal unter Schneefeldern. Fahren ist nicht drin. Der Schnee ist zu weich, aber wenigstens hart genug, daß ich kaum einbreche, während ich das Rad über den knirschenden Teppich drücke. Die freien Passagen sind in akzeptablem Zustand und bewegen sich über eine Kurve auf einen Hang zu.

Und dann tauche ich in eine weiße Landschaft ein, nur unterbrochen von den schwarzglänzenden Felsen, die der anbrechende Sommer vom Schnee befreit hat. Alles, was der Mensch hier hinterlassen hat, wirkt schutzbedürftig und nebensächlich. Die Gleise verstecken sich über mir in Tunneln und Blechhallen. Die Strommasten unten im Tal machen einen zerbrechlichen Eindruck, obwohl sie im Winter ein enormes Gewicht aushalten müssen.

Den Spuren nach bin ich der dritte Radfahrer, der sich an dieser Etappe versucht. Sie erleichtern die Orientierung, nachdem die letzen Begrenzungssteine vom Schnee geschluckt worden sind. Die vertrauten Blechverkleidungen geben die Richtung grob vor.

Ein langer Marsch beginnt. Ständig suche ich nach neuen Varianten der Fortbewegung. Bisher habe ich das Rad mit dem Lenker vorwärts geschoben, eine besonders kräftezehrende, aber wenig clevere Lösung. Die Idee, mit der einen Hand das Rahmenrohr unter dem Sattel zu fassen und mehr zu ziehen als zu schieben, erweist sich als die bessere Alternative.

Trotzdem ist das Wuchten des bepackten Fahrrads mühevoller, als ich es mir vorgestellt hatte. Ungefähr alle 30 Meter muß ich eine kurze Verschnaufpause einlegen. Ich spiele das bewährte Spiel und suche mir Ziele für diese winzigen Teilstrecken, um ein paar Meter zu gewinnen, bevor ich erneut Luft holen muß. Auf was hat sich der

Die Wanderung über den Schnee beginnt

Sturkopf da wieder eingelassen? Doch es gibt kein Zurück. Der Entschluß steht fest.

Scheinbar endlos zieht sich die Blechwand hin. Wo bleibt die Stelle, an der die Gleise überquert werden? Ich sehne mich nach einer Abwechslung. Der Hang ist immer steiler geworden. Das Fahrrad droht abzurutschen. Nichts geht mehr. Ich muß das Gepäck abnehmen, um die Last zu verteilen und sicher über die steile Passage zu kommen. Während ich mit den Augen danach forsche, wie lange der Abschnitt wohl noch dauert, entdecke ich eine Öffnung im Blech. Das muß die Stelle sein.

Ich schultere zwei Packtaschen und nehme einen Packsack in die Arme. Bedächtig, Schritt für Schritt den Boden prüfend, taste ich mich über das steile Stück und erklimme anschließend den kurzen Aufstieg zur Blechröhre. Die Öffnung ist eigentlich drei Meter hoch, doch der Schnee hat nur ein knappes Drittel davon übriggelassen. Ich stelle das Gepäck ab und schlüpfe durch die knappe Öffnung. Auf der anderen Seite der Gleise führt eine Holztreppe nach oben. Die unteren Stufen sind vereist. Parallel zur Treppe ist eine Holzschiene angebracht – man hat an die Radfahrer gedacht. Ich trage das Gepäck die steilen Stufen hinauf und stehe auf einem kleinen Platz, auf dem kein Schnee mehr liegt.

Zweimal wiederhole ich die Prozedur, laufe geduldig und ohne Widerwort die beschriebene Strecke ab. Ohne Gepäck läßt sich das Fahrrad relativ leicht über die abschüssige Passage balancieren. Nur die schmale Tunnelöffnung erfordert einige Mühe, aber es paßt.

Ausgepumpt mache ich Rast. Die Füße melden Kältenotstand. Schuhe und Strümpfe sind durchnäßt. Glücklicherweise hatte ich rechtzeitig Turnschuhe angezogen, um die halbwegs warmen Fahrradschuhe trocken zu halten. Ich strecke die Füße ins belebende Sonnenlicht. Ohne die Kraft und die Unterstützung der Sonne hätte ich kapitulieren müssen. Der strahlend blaue Himmel verdrängt jede Befürchtung, das Wetter könne umschlagen. Ich futtere meine letzten Haselnüsse und schaue auf die blitzende Weite hinaus. Drüben flitzt ein Schneescooter über die weiße Fläche. Was der Pilot sagen würde, sähe er mich und mein Fahrrad hier stehen? Ich kann es mir denken.

Ich ziehe mein T-Shirt aus, wechsle die Socken, streife die Turnschuhe darüber, befestige das Gepäck am Fahrrad und breche auf. Der schwerste Abschnitt des Tages steht an, der Aufstieg zum höchsten Punkt der Strecke, der bei 1301 Meter liegt. Für die rund 300 Meter Wegstrecke quer über den Schnee benötige ich bestimmt eine halbe Stunde. Die Steigung fordert die letzte Bereitschaft und greift die Reserven an. Die Pausen, die ich alle 10 Meter einlegen muß, sind zigmal länger als die kurzen, auslaugenden Phasen des Wuchtens. Langsam, unendlich langsam nähere ich mich dem Fahrzeug, das in schmutzigen Tarnfarben auf der Kuppe steht.

Die Soldaten hätten sich ihren Einsatz sparen können. Die Schneekatze hat den Schnee zwar zusammengepreßt, dabei aber Tausende von kleinen Wellen hinterlassen, die das Vorwärtskommen zusätzlich erschweren. Aus jeder Welle muß das Gewicht herausgestemmt werden, eine sinnlose Prüfung. Die Versuche, darüber wegzufahren, scheitern kläglich – das Gepäck macht das Fahrrad zu unbeweglich. Gezwungenermaßen wechsle ich auf die Schneefelder neben dem Weg.

Der Blechtunnel verschwindet fast unter den Schneemassen. Was muß hier losgewesen sein vor fünfzig Jahren, wenn die weiße Pracht im Januar haushoch auf den Schienen lag! Das Foto, das im Bahnhof von Hallingskeid hängt, bedarf keiner Erläuterung mehr.

Stundenlang schiebe, ziehe, zerre ich voran. Selten, daß der Weg einmal für 50 oder 100 Meter frei ist. Trotz aller Strapazen entfährt mir kein Fluch, keine Verwünschung. Als ich die extremen Kehren Richtung Myrdal gekraxelt war, wußte ich hinterher nicht mehr, wie ich das geschafft hatte. Aber obwohl das heutige Tagwerk noch anstrengender ausfällt, brauche ich nicht abzuschalten. Jede Steigung, ja fast jeden Meter über die verschneite Hardangervidda nehme ich bewußt wahr, ohne an Aufgeben zu denken, ohne Selbstmitleid, sogar ohne mich abreagieren zu müssen.

Ab und zu rumpelt es im Blechkasten; die Bergenbahn grüßt. Ansonsten herrscht grenzenlose Stille. Diese Ruhe überträgt sich auf mich, läßt mich Frieden schließen – ohne Ansprüche und Bedingungen. Statt dessen bin ich dankbar und zufrieden mit dem, was ich just in diesem Augenblick erleben darf, so verrückt es auch sein mag.

Es braucht wirklich nicht viel, um glücklich zu sein. Ein tiefes Durchatmen genügt, diese Ruhe in mich aufzunehmen und lange in mir zu tragen. Ein Blick auf die Schneelandschaft und auf den sanftblauen Himmel darüber reichen aus, um die letzten Reserven zu mobilisieren. Der Körper ist widerstandsfähiger, als es einem der Kopf manchmal einreden will. Doch heute hat er aufgehört, Störmanöver zu veranstalten.

Aus den beiden Stunden, die Ivar Hårklan für das Gröbste veranschlagt hatte, werden am Ende sechs. Die Glieder sind matt, und in der rechten Kniekehle spüre ich ein leichtes Ziehen. Plötzlich ist der Weg wieder geräumt. Im Hintergrund ertönt Maschinenlärm. Bauarbeiten sind im Gange.

Ich setze mich auf den Schnee, wechsle zum letzten Mal die Socken, greife zur Trinkflasche und warte auf die Eisenbahn. Die Gleise kommen hier aus einem Tunnel, um ein längeres Stück frei über einen Steindamm zu laufen. Ich möchte den nächsten Zug abwarten, um seine Ausfahrt aus dem Tunnel zu fotografieren. Währenddessen neigt sich die Sonne auf die Berge zu. Der Schatten schlendert zuerst über mich, dann über den Steindamm hinweg. Schlagartig wird es kühl. Nachdem der Schnappschuß gelungen ist, suche ich mir einen Platz für die Nacht.

Neben dem Bahnhof von Finse steht das Hotel. »Finse 1222« steht auf dem Schild, womit die Lage über dem Meeresspiegel gemeint ist. Die beiden Komplexe des Hotels verbindet ein freihängender, durchgesägter Eisenbahnwaggon auf Gleisen – eine so originelle wie symbolträchtige Idee. Ohne die Eisenbahn gäbe es die vergleichsweise große Ortschaft nicht, den Vorposten der Zivilisation im rauhen Hochland. Auf der anderen Seite der Bahntrasse liegt ein riesiger See, dessen Oberfläche die ersten Risse und blauen Flecken zeigt. Dahinter erhebt sich eine Bergkette, über der der Gletscher Hardangerjøkulen thront. Die Berge verdecken einen Großteil des Eispanzers, doch die majestätische, weiße Kappe wirkt erhaben und gebieterisch.

Ich begebe mich auf die Suche nach dem Bahnhofsvorsteher. Ich erkläre ihm meine Situation, frage, ob er ein Telefax habe und ob ich es benutzen dürfe. Er hat, und ich darf. Also sende ich meine Platzbestellung per Fax nach Fagernes, für den Fall, daß der Brief nicht rechtzeitig eintrifft.

Nebenbei frage ich den Chef, wann der Versorgungsweg nach Hallingskeid voraussichtlich frei sei. Er zuckt mit den Schultern und erzählt, in den letzten beiden Jahren sei der Schnee teilweise gar nicht getaut. Eher blauäugig schildere ich meine gestrige Tour in Stichworten. Die Blicke, die er und sein Kollege sich zuwerfen, bedürfen keines Kommentars. Sie ersetzen den Zeigefinger an der

Stirn. Auf meine Frage, ob ich etwas für das Fax bezahlen solle, meint er: »75 Øre.« Also nichts. »Takk skal du ha«, bedanke ich mich. Was würde wohl der erstbeste Bahnhofsvorsteher in Deutschland antworten, wenn ich ihn darum bitten würde, den Fernkopierer benutzen zu dürfen?

Draußen studiere ich die Karte. Bis Fagernes ist noch eine happige Strecke zu absolvieren. Mit dem Finger fahre ich die Stationen ab: Haugastøl, Geilo, Ål, wo der Fahrradzug endet, Gol. Laut meinem Fahrplanheft verkehrt heute abend ein Bus von Gol nach Fagernes. Den könnte ich bequem erreichen. Und wenn der zweite Mantel platzt, bleibt die Eisenbahn bis Gol. Jedenfalls kann ich auf diese Weise in Fagernes übernachten und morgen früh in aller Ruhe den Flughafen ansteuern. Fast 4000 Kilometer werde ich dann auf dem Fahrradsattel verbracht haben. Und gestern? Gut zehn Kilometer müssen es gewesen sein, die ich über den Schnee gewandert bin. Die Karte ist unbestechlich. Ich hatte die Hälfte geschätzt.

Mein Blick richtet sich gen Haugastøl. Die Landschaft wird runder, flacher, harmloser. Die Schneegrenze rutscht nach oben.

Der Fahrweg scheint von diesem milden Klima nicht zu profitieren. Ich hopple durch feiste Schlaglöcher, kann den zahllosen Unebenheiten überhaupt nicht ausweichen, doch mein zuverlässiger Drahtesel fängt alle »bösen Schwingungen« ab.

Die Sonne ist wieder auf dem Vormarsch, verspricht einen neuen heißen Tag.

Hinter Finse bleibe ich noch einmal stehen, um den Gletscher zu betrachten. Ich spüre, daß meine Reise mit diesem Bild ihren würdigen Abschluß findet, und lasse vorübergleiten, was die vergangenen acht Wochen mir geschenkt haben: Ruhe und Entspannung, Zeit zum Nachdenken, die Gelegenheit, mit den Einheimischen ausgiebig zu reden und sie ein bißchen näher kennenzulernen. Ich habe die Kraft und Vielfalt der Natur hautnah erlebt. Die mächtige Eiskappe dort drüben steht für all die Fjorde, Wasserfälle und Gebirgstäler, von denen es jetzt Abschied zu nehmen gilt. Ich bin nicht traurig, aber tief bewegt. Danke.

Eine Träne kullert über meine linke Wange.

Blick auf Hardangerjøkulen

Die armseligen Spuren der Schneekatze

Epilog

Zwei Tage nach meiner Rückkehr hatte mich meine Freundin fotografiert. Irgend etwas stimmte nicht mit diesem Bild. Klar, der ungewohnte Bart, das schmalere Gesicht – immerhin hatte ich zehn Kilo abgenommen.

Trotzdem, wochenlang grübelte ich vergebens darüber nach, an wen mich das Foto erinnerte. Bis ich merkte, daß ich mich auf die falsche Fährte begeben hatte. Die Abbildung sah nicht einem anderen ähnlich. Nein, es war der Gesichtsausdruck, der mich verwirrt hatte: locker und gelassen, ohne die geringste Spur des Alltags – ein veränderter Mensch.

Infos

Stand: Dezember 2000. Alle Angaben nach bestem Wissen, aber ohne Gewähr.

Geschichte im Schnelldurchlauf

Bitte haben Sie dafür Verständnis, daß in diesem Rahmen keine Zusammenhänge erklärt werden können.

Die ältesten Spuren menschlicher Anwesenheit fallen mit dem Ende der letzten Eiszeit zusammen, reichen knapp 10 000 Jahre zurück.

872: Schlacht am Hafrsfjord. Der Sieger, Harald Hårfagre (Harald Schönhaar), vereint die vielen kleinen Fürstentümer zum ersten norwegischen Reich, das nach seinem Tod wieder vorübergehend zerfällt.

Um 1000 setzt die Christianisierung des Landes ein.

1262: Norwegen unterstellt Island und Grönland seiner Verwaltung. Es waren norwegische Wikinger, die 874 Island und 982 Grönland entdeckt und besiedelt hatten und von dort aus um 1000 nach Nordamerika gesegelt waren.

1349: Mehr als die Hälfte der Bevölkerung fällt der Pest zum Opfer.

1397: Die Kalmarer Union besiegelt den unfreiwilligen Zusammenschluss von Dänemark, Schweden und Norwegen unter dänischer Vorherrschaft.

1814: Norwegen wird im Kieler Frieden der Siegermacht Schweden zugesprochen, der Wunsch nach Unabhängigkeit nicht gehört. In der Zwangsunion erstreiten sich die Norweger Verfassung, Bürgerrechte und ein Parlament, das Storting. Nationale Strömungen erfassen das Land, beleben Kunst und Sprache.

1825–1915: Rund 800 000 Menschen, meist Bauern, verlassen das Land in Richtung Nordamerika. Gründe waren Hunger und fehlende Perspektiven.

1905: Norwegen sagt sich per Volksentscheid von Schweden los.

1913: Das Storting beschließt das Frauenwahlrecht. – Die ersten Wasserkraft-Projekte werden eingeleitet.

1914–18: Norwegen erklärt sich im Ersten Weltkrieg für neutral.

1940: Die deutsche Wehrmacht besetzt das Land. König Håkon VII. und der politischen Führung gelingt die Flucht. Norweger kämpfen als Partisanen oder in britischen Einheiten gegen die Besatzer, indem sie Sabotageakte ausführen.

1949: Als Konsequenz des Zweiten Weltkrieges tritt Norwegen der NATO bei.

1952: Olympische Winterspiele in Oslo.

1957: Olav V. besteigt nach dem Tod seines Vaters Håkon den Thron.

1960: Norwegen wird Mitglied der EFTA.

1971: Die Ausbeutung der Erdöl- und Erdgasfelder in der Nordsee beginnt. Sie bildet die Grundlage für Reichtum und Wohlfahrtsstaat.

1972: Nach einer emotionalen Debatte entscheiden sich die Norweger in einer Volksabstimmung gegen den EG-Beitritt.

1991: Harald V. folgt seinem verstorbenen Vater Olav auf den Thron.

1994: Olympische Winterspiele in Lillehammer. In einer erneuten Volksabstimmung scheitert auch der zweite Versuch, EU-Mitglied zu werden. Die Mehrheit will zum einen möglichst unabhängig von Brüssel sein, zum anderen die Milliarden-Einnahmen aus der Erdöl- und Erdgasförderung im Land behalten.

Sprache

Wer mit Englisch oder Deutsch nicht durchkommt, greift auf die Zeichensprache zurück – oder versucht es mit ein paar Brocken Norwegisch. Die Norweger werden sich geschmeichelt fühlen, großzügig über Fehler hinwegsehen und noch einen Tick freundlicher und hilfsbereiter sein, als es ohnehin ihre Art ist.

Die wichtigsten Ausspracheregeln:

Æ und æ wie ä. Ø und ø wie ö. Å und å wie o.

O und o meistens wie u. U und u meistens wie ü.

S und s sind stimmlos. Sk, sj und rs meistens wie sch.

Währung und Preise

Eine norwegische Krone (nkr) entspricht 100 Øre. Der Wechselkurs schwankt zwischen 24 und 28 DM für 100 nkr. Kreditkarten können Sie in Hotels und an Tankstellen verwenden, selten auf Campingplätzen und in Lebensmittelläden. Bargeld bekommen Sie an den Geldautomaten der Banken, die Kreditkarten wie »Visa« und »Eurocard« fast flächendeckend annehmen, EC-Karten jedoch nur vereinzelt. Euroschecks werden nicht (mehr) angenommen. Eine gute Wahl ist die Postbank SparCard mit vier kostenfreien Abhebungen (an allen Automaten mit »Visa«-Symbol) im Jahr.

Norwegen ist teuer. Grundnahrungsmittel sind noch einigermaßen erschwinglich, Übernachtungen auf Campingplätzen für Radfahrer sogar relativ preiswert, Filme dagegen um ein Vielfaches teurer als in Deutschland.

Das Wetter

Es ist müßig, über das Wetter zu diskutieren oder sich auf vermeintliche Regeln zu verlassen. In jedem Tal, in jedem Fjord können die Verhältnisse zum selben Zeitpunkt anders sein. Bedenken Sie, daß die Küste Norwegens 2650 Kilometer mißt. Der längste Radio-Wetterbericht dauert zehn Minuten, und jeder Lokalsender hat seinen eigenen.

Ganz allgemein kann gesagt werden, daß es im Binnenland im Winter kälter und im Sommer wärmer ist als an der Küste. Der Winter kann im Landesinneren von Dezember bis April dauern, in bestimmten Höhenlagen sogar von Oktober bis Juni. Im Gebirge und an der Küste fällt deutlich mehr Niederschlag als in den geschützten Lagen im Landesinneren, der meiste in den Monaten September bis Februar. Tagelanger Regen ist genauso selten wie tagelanger Sonnenschein, weil der Wind die Karten ständig neu mischt.

Als kleine Hilfe ein paar Zahlen aus der Statistik. Was die Norweger von diesen Statistiken halten, erfahren Sie im Kapitel »Der Presseheld«.

	Max. – Min.Temp.	Frosttage	Niederschlag
Oslo	29,2 –11,9	97	744 mm
Røros	25,2 –33,2	194	482 mm
Lærdal	28,7 –11,5	84	731 mm
Bergen	26,4 – 5,3	25	2992 mm
Trondheim	26,3 –11,0	76	881 mm
Bodø	23,6 –10,2	96	964 mm

Information

Norwegisches Fremdenverkehrsamt
Postfach 113317
20433 Hamburg
Tel. 0180/5001548
Fax 040/22710815
www.visitnorway.com
Sie können sich für individuelle Tips auch gerne an den Autor dieses Buches wenden: E-Mail: alex@edition-elch.de

Ausrüstung

Tatsächlich lohnt sich eine teure Ausrüstung. Wer nicht ständig sein Fahrrad reparieren oder den Inhalt der Packtaschen trocknen muß, hat mehr Zeit, sich der Landschaft zu widmen.

Als **Fahrrad** empfiehlt sich ein geländegängiges Tourenrad, eine Art Mountainbike mit normaler Ausstattung, das heißt Beleuchtung und Gepäckträger. Das Gepäck sollte nicht allein dem hinteren Gepäckträger aufgebürdet, sondern verteilt werden. Wer sich einen sogenannten Low-Rider, an den zwei Packtaschen gehängt werden, ans Vorderrad montieren läßt, verteilt das Gewicht gleichmäßiger auf die Achsen, erleichtert sich dadurch das Lenken des Rades und mindert die Gefahr von Speichenbrüchen. Das Hinterteil sollte sich bereits vor der Abfahrt an den Sattel gewöhnt haben. Neben dem normalen Werkzeug empfiehlt es sich, Reserveschlauch und -mantel, Ersatzspeichen, Brems- und Schaltzüge sowie einen Zahnkranzabzieher mitzunehmen. Fahrradwerkstätten sind in Norwegen rar, und es ist nicht garantiert, daß Ihre Marke überhaupt vertreten ist. Brauchen Sie Hilfe, versuchen Sie es u. a. in Sportgeschäften, die manchmal auch für Reparaturen ausgerüstet sind.

Das **Zelt** sollte aus einem Innen- und einem Außenzelt bestehen, regendicht und windstabil sein sowie harte Heringe besitzen, die nicht verbiegen, wenn sie in steinigen Boden getrieben werden. Wichtig sind ausreichend große Apsiden, in denen nasse, dreckige Packtaschen abgestellt werden können und die als Wind- und Regenschutz beim Kochen dienen.

Die **Packtaschen** sollten verschweißte Nähte haben, damit kein Regen eindringen kann.

Die **Kleidung** muß Wind, Nässe und Kälte trotzen können. Die »atmungsaktive« Regenkleidung hält nicht das, was die flotten Werbesprüche den potentiellen Kunden einzutrichtern versuchen. An den Oberschenkeln und am Rücken, wo die Klamotten aufliegen, kann der Schweiß nicht entweichen. Trotzdem sind sie immer noch besser als Ölzeug, zumal sie im Fahrtwind rasch trocknen. Andere Outdoor-Aktivisten schwören auf Oberbekleidung aus fest gewebter Baumwolle, die zwar regelmäßig (mit Wachs oder Spray) imprägniert werden muß, jedoch merklich robuster als die übliche »atmungsaktive« Regenkleidung ist. Kunstfaser-Unterwäsche leitet den Schweiß weiter – während Hemden und T-Shirts aus Baumwolle ihn aufsaugen –, neigt allerdings schneller zur Geruchsbildung. Wollpullover und Fleece-Jacken trocknen schneller als Daunenjacken und wärmen genauso gut, wobei Fleece durch das geringere Gewicht von Vorteil ist. Die Radfahr-Schuhe sollten eine harte Sohle besitzen, ferner einen stabilen Schaft, der über die Knöchel reicht, damit sie sich auch für Wanderungen eignen. Als Ersatzpaar dienen leichte Turnschuhe. Strümpfe aus Mischgewebe sind von Vorteil.

Beim Thema **Kocher** schwören die Norweger zu Recht auf den Trangia-Sturmkocher, der mit Brennspiritus betrieben wird. Er ist windgeschützt, muß nicht vorgeheizt werden, stinkt und rußt nicht wie Benzinkocher und ist wesentlich billiger als diese, weil das Geschirr mit dazugehört. Der Nachschub an Brennmaterial bereitet wenig Probleme; fragen Sie an Tankstellen oder in Warenhäusern nach »rødsprit«. Nur die Regulierung der Flammenstärke ist unzureichend gelöst. Wer den Deckel zum Regulieren oder Löschen der Flamme verschieben will, braucht dazu zwei lange Hilfsmittel aus Metall, am besten die Zange, mit der die Pfanne angefaßt wird, und ein Besteckteil. Apropos Pfanne: Das Brutzeln kann nervtötend lange dauern, weil der Abstand zwischen Flamme und Pfanne etwas groß geraten ist.

Wie anreisen?

Für die Einreise genügt ein gültiger Personalausweis. Wer länger als drei Monate bleiben will, braucht ein Visum. Doch wer will und kann schon feststellen, wie lange der Tourist im Land ist, wenn er angibt, sein Anreise-Ticket verloren zu haben?

Per Schiff: Die klassische Methode, die eigentlich am besten zu Norwegen paßt, hat den Nachteil, daß der Starthafen mit einem anderen Transportmittel erreicht werden muß. Wer den Zug nimmt, kann gleich durchfahren. Wer sich für die Fähre ab Kiel entscheidet, kann auch ein Auto »one way« mieten.

Kiel – Oslo ist die einzige Direktverbindung zwischen Deutschland und Norwegen; daneben verkehren mehrere Fähren zwischen Norddänemark und Südnorwegen. Die Preistabellen gleichen einem Labyrinth, so daß es sich rentiert, die Preise genau zu vergleichen. Fragen Sie im Reisebüro nach.

Per Flugzeug: Die schnellste Methode, die gar nicht teuer sein muß, zumal viel Zeit gespart wird. Lufthansa und SAS bieten ganzjährig Sondertarife an. Manko: Hin- und Rückflug müssen gleichzeitig gebucht werden, je nach Tarif mindestens eine Woche im voraus. Mittlerweile wird auch eine ordentliche Auswahl an Charterflügen angeboten, wobei der Flug *nicht* in Verbindung mit weiteren Leistungen gebucht werden muß; es gibt Verbindungen nach Nordnorwegen, sogar Charterflüge. Generell ist mit Umsteigen in Oslo fast jeder andere norwegische Flughafen erreichbar.

Fahrradtransport: Lenker in Rahmenrichtung drehen, Sattel runter, Pedale nach innen, lockere Teile abnehmen oder am Rahmen befestigen. Die Bestimmungen sind unterschiedlich, also nachfragen und Werkzeug bereithalten. Auf jeden Fall möglichst wenig Einzelteile abgeben, am besten die Packtaschen zusammenbinden. Fahrrad und Gepäck bedeuten normalerweise Übergewicht, weil die zulässigen 20 Kilo pro Person überschritten werden. Für jedes zusätzliche Kilo muß bezahlt werden. In Norwegen wird diese Bestimmung eher großzügig gehandhabt.

Per Eisenbahn: Die umständlichste Methode, weil es keine grenzüberschreitenden Gepäckwagen gibt. Das heißt, daß das Fahrrad im voraus verschickt werden muß. Wann und in welchem Zustand es am Zielbahnhof eintrifft, ist relativ ungewiß.

Wegen der Vielfalt der Spartarife, abhängig von der Entfernung zur Grenze, vom Alter der Fahrgäste sowie vom Anreisetag, sollten Sie sich individuell in einem kompetenten Reisebüro oder bei der Bahnauskunft – nicht immer kompetent, wenn es über Standardfragen hinausgeht – beraten lassen.

Wo übernachten?

Die meisten Radwanderer träumen von einem wilden Zeltplatz am Seeufer, Wasserfall usw. Nicht in allen Gegenden sind sie die Regel, deshalb lieber einen schön gelegenen Campingplatz als eine Übernachtung im Straßengraben wählen. Wer wild campt, sollte folgendes beherzigen:

- zum nächsten Haus mindestens 150 Meter Abstand wahren, am besten vorher um Erlaubnis fragen
- nicht in eingezäunten Flächen zelten
- keine Zweige abbrechen oder Rinde abschälen
- keinen Abfall zurücklassen, auch nicht vergraben
- Fäkalien verbuddeln.

Campingplätze (campingplass) liegen manchmal in wunderschöner Umgebung, manchmal reizlos neben der Straße. Der Gast sucht sich seinen Zeltplatz selbst aus. Ist eine Camperküche vorhanden, kann man sich zur Abwechslung ein opulentes Mahl zubereiten. Mitunter gibt es Waschmaschinen und Trockentrommeln, die mit Münzgeld gespeist werden. Trockenräume sind selten. Preis pro Übernachtung zwischen 70 und 150 nkr.

Wer vom Wetter gebeutelt wird, kann sich eine **Holzhütte** mieten. Preis pro Übernachtung ab 250 nkr. Hytter stehen auf Campingplätzen oder werden privat vermietet.

Jugendherbergen (vandrerhjem) haben den Nachteil, daß reserviert werden sollte, um sicherzugehen. Es werden nur die dünnen Jugendherbergs-Schlafsäcke akzeptiert, ansonsten muß die Bettwäsche ausgeliehen werden. Preis pro Übernachtung ab 75 nkr, meist um 100–150 nkr, Ermäßigung mit deutschem Jugendherbergsausweis. Gesamtverzeichnis inkl. Serviceangebot: Norske Vandrerhjem, Dronningensgate 26, N-0154 Oslo, Tel. 0047-23139300, Fax 23139350, E-Mail: hostels@online.no

Hotels sind extrem teuer und eigentlich unpassend, weil der Aufenthalt den Kontakt zur Natur unterbricht und den Gast statt dessen mit all dem konventionellen Gehabe konfrontiert, dem die meisten Radwanderer gerade entfliehen wollen. Diverse Hotelpässe gewähren ordentliche Rabatte.

Lebensmittel

Trotz der dünnen Besiedlung bereitet die Versorgung keine Probleme, sofern nicht zu knapp kalkuliert wurde. Tankstellen können als Überbrückung dienen. Im Sommer schließen normale Geschäfte um 16 Uhr, die Supermärkte in den Städten zwischen 18 und 21 Uhr.

Trinkwasser kann aus Gebirgsseen und von Wasserfällen entnommen werden. In landwirtschaftlich genutzten Gebieten sollte man vorsichtig sein. Ansonsten können die Flaschen auf Campingplätzen, in Tankstellen oder bei Privatleuten nachgefüllt werden, höfliches Anfragen vorausgesetzt. Wer entkeimende Tabletten dabei hat, beachte die Einwirkzeit.

Diplomatische Vertretungen in Norwegen

Botschaft Deutschlands, Oscarsgate 45, 0258 Oslo, Tel. 22 55 20 10, Fax 22 44 76 72.

Botschaft Österreichs, Thomas Heftyesgate 19–21, 0244 Oslo, Tel. 22 55 23 48, Fax 22 55 43 61.

Botschaft der Schweiz, Bygdøy Allé 78, 0268 Oslo, Tel. 22 43 05 90, Fax 22 44 63 50.

Karten

Ausreichend sind Straßenkarten im Maßstab von 1:325 000 bis 1:400 000, die das gesamte Land mit vier bis fünf Blättern abdecken. Eine einzelne Karte über ganz Norwegen ist nicht ratsam, da viele der attraktiven Nebenstrecken wegen des Maßstabs darauf nicht abgebildet sind.

Das umfassendste Angebot an Karten haben: Nordis Versand, Postfach 10 03 43, 40767 Monheim, Tel. 0 21 73 / 9 53 70, Fax 0 21 73 / 5 42 78, www.nordis-versand.de sowie Nordland Versand, Postfach 5, 49585 Neuenkirchen, Tel. 0 54 65 / 4 76, Fax 0 54 65 / 8 34, www.nordland-shop.de – bei einzelnen Karten sind längere Lieferzeiten möglich, also rechtzeitig anfragen.

REISEN, MENSCHEN, ABENTEUER

Lutz Herbert
Auf dem Amazonas
Eine Reise zu den Ticuna-Indianern
256 Seiten,
34 s/w-Fotos, 1 Karte
ISBN 3-89405-079-9

Christine Cerny
Tempel, Kulte, Pharaonen
Eine Ägyptenreise durch Vergangenheit und Gegenwart
213 Seiten, 34 s/w-Fotos,
1 Karte
ISBN 3-89405-088-8

John Blofeld
Jenseits der Götter
Eine abenteuerliche Reise zu den Mönchen, Einsiedlern und Mystikern Chinas.
224 Seiten
ISBN 3-89405-097-7

Stefan Biedermann
Im Land der aufgehenden Sonne
Meine Zeit in Japan
224 Seiten,
34 s/w-Fotos, 1 Karte,
1 Kalligraphie
ISBN 3-89405-003-9

SIERRA

REISEN, MENSCHEN, ABENTEUER

Peter van Ham
Auf Buddhas Pfaden
2000 Kilometer durch den Westhimalaya
238 Seiten, 64 s/w-Fotos
ISBN 3-89405-085-3

Peter Matthiessen
Auf der Spur des Schneeleoparden
320 Seiten, 1 s/w-Foto,
2 Karten
ISBN 3-89405-089-6

Stefan Biedermann
Im Land der aufgehenden Sonne
Meine Zeit in Japan
ca. 224 Seiten, 34 s/w-Fotos,
1 Karte, 1 Kalligraphie
ISBN 3-89405-003-9

Désirée v. Trotha
Die Enkel der Echse
Lebensbilder aus dem Land der Tuareg
256 Seiten, 1 s/w- und
42 Farbfotos, 1 Karte
ISBN 3-89405-094-2

SIERRA

REISEN, MENSCHEN, ABENTEUER

Gerta Ital
Der Meister, die Mönche und ich
Eine Frau im Zen-Buddhistischen Kloster
ca. 352 Seiten, 9 s/w-Fotos
ISBN 3-89405-102-7

Broughton Coburn
Aama
Eine Pilgerreise in den Westen
320 Seiten, 1 s/w- und 13 Farbfotos
ISBN 3-89405-091-8

Christine Cerny
Tempel, Kulte, Pharaonen
Eine Ägyptenreise durch Vergangenheit und Gegenwart
213 Seiten, 34 s/w-Fotos, 1 Karte
ISBN 3-89405-088-8

Carmen Rohrbach
Botschaften im Sand
Reise zu den rätselhaften Nazca-Linien
176 Seiten, 28 s/w- Fotos, 2 Karten
ISBN 3-89405-103-5

SIERRA

REISEN, MENSCHEN, ABENTEUER

Albrecht Schäfer
Sarimanok
Eine Seereise wie vor 2000 Jahren
237 Seiten,
29 s/w-Fotos, 1 Karte
ISBN 3-89405-092-6

Jonathan Waterman
Kajak-Abenteuer Baja California
800 Meilen durch das mexikanische Meer
208 Seiten,
24 s/w-Fotos, 1 Karte
ISBN 3-89405-076-4

Peter Jenkins
Das andere Amerika
Zu Fuß durch die Vereinigten Staaten
285 Seiten,
58 s/w-Fotos, 3 Karten
ISBN 3-89405-019-5

Carmen Rohrbach
Botschaften im Sand
Reise zu den rätselhaften Nazca-Linien
176 Seiten,
28 s/w- Fotos, 2 Karten
ISBN 3-89405-103-5

SIERRA